Omar Raddad, un combat pour la vérité

Autres ouvrages de Georges Fenech

Bataclan, Paris, Stade de France: le procès, Monaco, Éditions du Rocher, 2021.

Gare aux gourous - Santé, bien-être, Monaco, Éditions du Rocher, 2020.

« Qui imagine le Général De Gaulle mis en examen ? » : chronique secrète d'une élection imperdable…, Paris, First éditions, 2017.

Bataclan : l'enquête vérité, Uppr Éditions, 2017.

Lettre ouverte à Christiane Taubira, garde des Sceaux, Paris, First éditions, 2014.

Propagande noire, avec Alexandre Malafaye, Paris, Éditions Kéro, 2013.

Apocalypse : menace imminente? Les Sectes en ébullition, Paris, Calmann-Lévy 2012.

Criminels récidivistes : Peut-on les laisser sortir ?, Paris, Les éditions de l'Archipel, 2009.

La justice face aux dérives sectaires – Réflexion et évaluation des dispositifs, ouvrage collectif sous la direction de Georges Fenech, Paris, La Documentation Française, 2008.

Presse, justice : liaisons dangereuses, Paris, Les éditions de l'Archipel, 2007.

Un juge en colère : en finir avec le juge d'instruction, Paris, Éditions du Félin, 2005.

L'insécurité, Paris, Éditions des Syrtes, 2002.

Tolérance zéro : en finir avec la criminalité et les violences urbaines, Paris, Grasset, 2001.

Face aux sectes : Politique, Justice, État, Paris, Presses Universitaires de France – PUF, 1999.

La moralisation des marchés publics, avec Philippe Petit, Paris, Presses Universitaires de France – PUF, 1998.

Main basse sur la justice : Les années noires, de Mitterrand à aujourd'hui, Paris, Éditions JC Lattès, 1997.

Sylvie Noachovitch
Georges Fenech

OMAR RADDAD

UN COMBAT POUR LA VÉRITÉ

éditions du
ROCHER

Éditions du Rocher
28, rue Comte-Félix-Gastaldi – BP 521 – 98015 Monaco

www.editionsdurocher.fr

ISBN : 978-2-268-10781-3
EAN Epub : 9782268108261

« La vérité est en marche et rien ne l'arrêtera. »

Émile Zola,

L'Affaire Dreyfus. La Vérité en marche

Sommaire

CHAPITRE I

« Omar m'a tuer »

Sylvie Noachovitch et Georges Fenech

« L'amour de la justice n'est pour la plupart des hommes que la crainte de souffrir l'injustice. »

LA ROCHEFOUCAULD,
Réflexions ou Sentences et Maximes morales.

Le 2 février 1994, la cour d'assises des Alpes-Maritimes condamnait Omar Raddad à dix-huit années de réclusion criminelle pour le meurtre commis trois ans plus tôt sur la personne de Ghislaine Marchal, une riche héritière de 65 ans qui l'employait comme jardinier.

Sourds à ses cris d'innocence, juges et jurés l'avaient reconnu coupable, en se basant sur ces seules lettres de sang retrouvées à deux reprises sur la scène du crime : « Omar m'a tuer » et « Omar m'a t » !

Sans mobile, sans traces ni empreintes, sans témoin ni expertise crédibles, un homme au casier judiciaire vierge, marié et travailleur, était envoyé pour croupir en prison quand beaucoup s'attendaient à une décision d'acquittement au bénéfice du doute.

En vérité, ce verdict n'était que la suite logique d'une enquête et d'une instruction menées à charge. Un rouleau compresseur s'était mis en marche contre lui, sachant qu'il n'était pas assisté d'un avocat jusqu'à son incarcération, ni d'un traducteur, alors qu'il ne savait ni lire ni écrire le français…

On avait à l'évidence négligé les autres pistes, comme celle d'un crime crapuleux, omis de vérifier correctement l'alibi, fait fi des erreurs d'expertise, pour au bout du compte servir sur un plateau la tête d'un coupable idéal.

Lors des débats, la tonalité n'avait été guère plus respectueuse de la présomption d'innocence. Les impressions du chroniqueur judiciaire du *Monde* étaient largement partagées par tous ceux qui avaient assisté à l'audience :

> « Il y a eu, en plus, des attitudes du président qui étaient à la limite de certains propos racistes. À un moment, quelqu'un a dit que Omar ne ferait pas de mal à une mouche et le président de commenter : "Oui, enfin, il ne

ferait pas de mal à une mouche, enfin ça ne l'empêche pas d'égorger un mouton[1]." »

Les journalistes parlent aussi de leur surprise du peu de réaction à l'audience, de Jacques Vergès, son avocat au moment du procès, face aux attaques du Président. L'avocat avait décidé de tout miser sur sa plaidoirie finale.

Fait rarissime, au mépris du secret des délibérés, un juré pris de remords se confiera trois mois plus tard à la presse pour révéler qu'envahi par le doute, il s'était au final fait influencer dans son jugement :

> « Quand tout le monde s'était exprimé, expliquait-il, le président reprenait la parole. Si quelqu'un avait exprimé un doute quant à la culpabilité d'Omar, on reprenait l'ensemble des faits. Gentiment, calmement avec des mots simples. C'était très subtil et très long. On ne se sentait pas forcé. Ses arguments portaient et à la fin on ne savait plus quoi penser. » Il ajoutait, amer : « On ne peut pas parler de racisme, mais il y avait plusieurs jurés parmi nous qui parlaient comme s'ils

1. Entretien avec Adeline Gailly, 2015, mémoire de master professionnel de journalisme, Université Grenoble-Sciences-B.

> étaient des experts d'une supposée mentalité maghrébine[2]. »

Après un tel procès, qui pouvait mettre sa main au feu au sujet de la culpabilité du jeune Marocain ? Qui pouvait être certain qu'il n'ait pas été la cible d'une machination diabolique destinée à brouiller les pistes en le faisant soupçonner à la place des vrais auteurs ?

Les passions s'étaient cristallisées, tant en France qu'au Maroc, pays où l'on s'inquiétait du sort réservé à l'un de ses ressortissants.

Tous les ingrédients en outre, étaient réunis pour susciter l'intérêt et la curiosité.

D'abord, le contraste des protagonistes, vivant aux antipodes de deux mondes différents, l'auteur présumé étant un jeune Marocain de 26 ans, parlant mal le français, ne sachant ni lire, ni écrire, tandis que la victime, Ghislaine Marchal, était la riche veuve d'un équipementier automobile.

Ensuite, le lieu de la découverte du corps, atrocement mutilé, un local de chaufferie d'une villa cossue sur les hauteurs de Mougins, baptisée « La Chamade ».

Puis, le stratagème utilisé pour condamner la porte de la cave, de l'intérieur, à l'aide d'un lit de camp,

---

2. *VSD*, 11 février 1994.

digne du *Mystère de la chambre jaune* du romancier Gaston Leroux.

Et, surtout, ces fameuses lettres de sang comportant, sur la porte de la cave à vin, une faute d'orthographe passée dans la postérité : « Omar m'a **TUER** » au lieu de « Omar m'a **TUÉE** ». Combien de journaux, de films, de documentaires, de livres devaient s'en inspirer ?

Car, à y regarder de près, l'affaire semble tout droit sortie d'une intrigue d'Agatha Christie.

Ajoutez à cela la confrontation autour de la barre de deux grands ténors du barreau. Côté défense, le médiatique Jacques Vergès, un militant anticolonialiste. Face à lui, Henri Leclerc, unanimement salué pour son combat au sein de la Ligue française pour la défense des Droits de l'homme et du citoyen. Le choix de ce dernier était censé faire taire, pensait-on, les mauvais esprits tentés de croire à l'acharnement sur un homme en raison de ses origines maghrébines.

Et pour couronner le tout, il y eut l'entrée en scène du directeur du *Figaro littéraire*, Jean-Marie Rouart.

Avec courage, le flamboyant écrivain et futur académicien prenait, dès le lendemain du verdict, fait et cause pour l'innocence d'Omar Raddad, à la manière d'un Voltaire réhabilitant Calas dans son *Traité sur la tolérance*, ou encore d'un Émile Zola et son fameux « J'accuse » publié à la une du journal *L'Aurore*, en soutien au capitaine Alfred Dreyfus.

Il lancera un comité de soutien et ralliera à sa cause des noms prestigieux, à l'instar de Jean d'Ormesson, Erik Orsenna, Albin Chalandon, Éric Neuhoff ou Jean-François Kahn. Ce combat lui coûtera personnellement un procès en diffamation intenté par la famille de la victime ainsi que son poste de directeur au *Figaro littéraire*. Mais l'homme ne lâchera rien pour faire éclater l'innocence d'Omar Raddad.

Sur les marches du palais de justice de Nice, à l'énoncé du verdict, Jacques Vergès tonnait, en référence à l'affaire Dreyfus lui aussi : « Il y a cent ans, on condamnait un jeune officier qui avait le tort d'être juif, aujourd'hui on condamne un jardinier qui a le tort d'être maghrébin. »

À cette époque, l'appel des décisions de cour d'assises n'existant pas, le seul recours possible était le pourvoi en cassation, qui rend une décision sur le droit et jamais sur les faits. Peine perdue…

La condamnation d'Omar Raddad était devenue définitive.

Il faut savoir que du fond de sa cellule et ce, depuis son incarcération, Omar Raddad enchaînait désespérément, pour se faire entendre, cris, grèves de la faim, de la soif et tentatives de suicide, jusqu'à ce que, par décret du 23 mai 1996, Jacques Chirac lui octroie une grâce présidentielle partielle de quatre ans et huit mois.

Pour beaucoup, c'était un soulagement et un moindre mal.

Le 4 septembre 1998, après avoir purgé sept ans et deux mois de détention, Omar Raddad recouvrait sa totale liberté, qu'il consacrera entièrement au combat pour sa réhabilitation.

Face à l'émotion soulevée par cette affaire remplie de zones d'ombre réelles, l'avocat Jacques Vergès s'attela de façon très active à relancer l'enquête, dans l'espoir d'obtenir une révision du procès.

Il saisira la commission de révision par requête en date du 27 janvier 1999. Il s'appuiera notamment sur de nouvelles expertises en écriture qui contredisaient radicalement les experts désignés par le juge d'instruction, ainsi que sur des témoignages nouveaux recueillis par l'enquêteur privé Roger-Marc Moreau.

Rappelons qu'à ce stade, pour obtenir la révision d'un procès, la requête du condamné doit franchir deux étapes. La première, celle de la commission de révision, qui instruit la demande et se prononce sur l'existence d'un élément nouveau susceptible de faire naître un doute sur la culpabilité du condamné. Si tel est le cas, la Cour de révision est à son tour saisie pour décider soit d'un rejet de la requête, soit de l'annulation de la condamnation et de la tenue d'un nouveau procès.

Dans le cadre de notre affaire, la première étape avait été franchie avec succès, puisque la commission de révision, en 2001, avait considéré que la demande d'Omar Raddad pouvait être admise au regard de deux points essentiels. D'une part, « les experts en écriture commis par la commission considèrent qu'aucune identification de l'auteur des inscriptions n'est possible, alors que les experts désignés par le magistrat instructeur avaient formellement conclu que Mme Marchal avait tracé de sa main les deux messages. » D'autre part, « s'il apparaît que les portes supportant les inscriptions ont pu être manipulées sans précaution et examinées par de nombreuses personnes, la présence d'un ADN masculin différent de celui d'Omar Raddad constitue néanmoins un élément nouveau de nature à faire naître un doute sur la culpabilité du condamné », c'est-à-dire d'Omar Raddad.

Hélas, à la surprise générale, la Cour de révision, saisie par la commission de révision, par arrêt en date du 20 novembre 2002, devait adopter un point de vue radicalement contraire en rejetant la requête en révision, au motif qu'il était impossible de déterminer à quel moment ces traces avaient été laissées, sans même se poser la question de savoir à qui pouvaient appartenir ces empreintes ADN.

Comment ne pas être fasciné par une telle affaire, lorsqu'on porte soi-même la robe rouge ou noire, qu'on est quotidiennement confronté au risque de l'erreur judiciaire dont le spectre plane sur toutes les cours d'assises ?

À l'époque de ce procès, toujours vivace dans la mémoire collective, nous exercions chacun de notre côté nos fonctions respectives de juge d'instruction à Lyon et d'avocate pénaliste à Paris et à Enghien-les-Bains, sans nous connaître encore.

Nous avions suivi, comme la France entière, ce procès hors normes, qui avait divisé le pays entre ceux qui croyaient en la culpabilité d'Omar Raddad et ceux qui penchaient plutôt vers son innocence – ou au moins en faveur du doute.

Nous ignorions encore qu'un jour nous serions amenés à unir nos forces pour mener un combat hors normes.

C'est ce récit d'une lutte judiciaire acharnée menée conjointement, une fois n'est pas coutume, par une avocate et un ancien juge d'instruction, que nous avons souhaité livrer, convaincus que rien n'est jamais définitivement perdu, que l'espoir, aussi infime soit-il, doit guider nos pas, dès lors qu'il s'agit de la liberté et de l'honneur d'un homme.

Les nombreux obstacles mis sur notre route dans nos parcours respectifs n'ont fait que renforcer notre volonté de faire éclater la vérité, quitte à affronter une magistrature tétanisée à l'idée de reconnaître qu'elle a pu lourdement se tromper. La totale confiance portée par Omar Raddad à sa nouvelle avocate saisie en 2008 fut ici déterminante.

Chacun de nous aura œuvré de son côté : d'une part Georges Fenech, devenu député, par sa réforme législative menée avec son collègue Alain Tourret dans le but d'assouplir la procédure de révision ; d'autre part Sylvie Noachovitch, qui n'a jamais cessé de se battre, malgré les nombreux obstacles qu'elle a traversés depuis 2008 pour parvenir à faire rouvrir le dossier de son client Omar Raddad.

Cette conjonction aboutira à la réouverture du dossier, et un complément d'information a été ordonné le 16 décembre 2021 par la commission d'instruction de la Cour de révision, afin que celle-ci soit éclairée sur les notes établies par l'expert, M. Breniaux, concernant les quatre nouveaux ADN découverts par le Dr Pascal, désigné en 2015.

Nous en étions là, lorsqu'un véritable coup de théâtre se produisit !

Trois journalistes d'investigation révélaient dans un livre[3] qu'une enquête de gendarmerie, inconnue de tous, avait permis de découvrir une nouvelle piste qui aurait pu conduire dès 2002 sur la trace des véritables criminels.

Que recouvre cette mystérieuse enquête ?

En septembre 2002, deux mois avant que la Cour de révision ne rende sa décision défavorable, la brigade de gendarmerie de Nice avait diligenté une enquête préliminaire « afin de déterminer s'il exist[ait] de nouveaux éléments susceptibles d'infirmer ou de confirmer une nouvelle thèse dans ce dossier, utiles à la manifestation de la vérité ».

Une informatrice avait en effet contacté un colonel de gendarmerie pour lui apporter des éléments fondamentaux susceptibles, d'après les enquêteurs, de prouver l'innocence d'Omar Raddad.

Selon les dires du témoin, le meurtre de Ghislaine Marchal ne serait pas le fait de son jardinier, mais de deux frères appartenant au milieu niçois. L'un d'eux était dépeint par son entourage comme un être cupide et violent qui avait déjà été incarcéré au

3. Jean-Michel Décugis, Pauline Guéna, Marc Leplongeon, *Ministère de l'Injustice*, éd. Grasset, 16 mars 2002.

milieu des années quatre-vingt-dix pour une tentative d'homicide.

Cette fratrie controversée exploitait à l'époque un établissement de nuit ainsi qu'un restaurant au Cros-de-Cagnes dans lequel Ghislaine Marchal avait ses habitudes. Le dirigeant était considéré par les enquêteurs comme « l'homme de paille » du vrai chef de l'établissement. Les fréquentations assidues de ce restaurant par Ghislaine Marchal ont donné lieu à des épanchements de vie. D'après des témoins, ils se tutoyaient et étaient même amis. C'est dans ce contexte, aux dires des gendarmes, que « le restaurateur, qui s'[était] probablement aperçu du niveau de vie de la victime, complémenté par quelques confidences de sa part, aurait pris la décision de commettre un cambriolage chez Ghislaine Marchal, laquelle, d'après lui, disposait à son domicile d'un coffre-fort ».

Il était au départ question, dans la première phase du projet, de la participation du restaurateur lui-même, aux côtés d'un certain P. Ils auraient été accompagnés tous deux d'un ressortissant des pays de l'Est.

On peut ainsi facilement imaginer que cette équipée sauvage l'aurait torturée pour lui faire avouer les codes de son coffre-fort et de son compte bancaire en Suisse.

D'après les enquêteurs, le restaurateur n'en serait pas à son premier coup d'essai. Au vu de ces premiers éléments, le procureur avait délivré trois « soit-transmis » (instructions écrites) à sa brigade territoriale pour leur permettre de poursuivre leurs investigations.

Pour les gendarmes, comme pour le procureur de Grasse, cette nouvelle thèse apparaissait crédible, tant en raison de la fiabilité de la source que de l'existence d'un coffre-fort au domicile de la victime et, enfin, de la réalité de ses fréquentations régulières de l'établissement des suspects !

C'est pourquoi le capitaine de gendarmerie de Nice avait sollicité auprès du procureur un cadre juridique plus adapté pour creuser plus avant cette piste. Il aurait été en effet logique de saisir un juge d'instruction pour pouvoir procéder à des mises sous écoute téléphonique, des perquisitions, etc. Or, étrangement, malgré l'enjeu, il ne devait jamais recevoir de réponse !

Et personne, en dehors des gendarmes et du procureur, n'entendra jamais parler de cette mystérieuse enquête, qui a semble-t-il été étouffée, on ne sait à quel niveau, dans la mesure où des procès-verbaux rédigés par une équipe de hauts gradés de la gendarmerie, sous l'autorité du procureur de Grasse, existent bien.

Dès lors, pour une raison encore inexpliquée, nul ne connaît les démarches qui auraient pu être effectuées par le procureur de Grasse. A-t-il transmis le dossier à la Chancellerie pour avis et poursuite d'enquête ? A-t-il gardé les procédures par-devers lui, en les classant sans aucune notification tant au niveau de sa hiérarchie que des parties ? Existe-t-il un dossier spécifique au niveau du tribunal de Grasse qui pourrait nous éclairer ?

Sylvie Noachovitch

Une source proche de l'enquête m'a contactée pour me remettre une partie de ces procès-verbaux, qui démontraient à l'évidence la culpabilité de ce commando criminel. Ce capitaine de gendarmerie était désireux de libérer sa conscience. Il m'a précisé que son collègue était convaincu de la fiabilité de cette piste crapuleuse. Aujourd'hui, cet officier de police judiciaire à la retraite se tient prêt à être entendu par la commission d'instruction tout comme les trois autres hauts gradés de gendarmerie qui m'ont aussi écrit depuis pour l'être également.

Ne pouvant moi-même aller plus loin en termes d'investigation, je décidai sans tarder de joindre ces éléments nouveaux à la requête en révision déjà déposée en novembre 2021. Je déplore néanmoins que, depuis toutes ces années écoulées, on ait ainsi fait perdre une chance à la vérité de surgir. Certains protagonistes sont décédés, d'autres se seront très probablement organisés pour se forger un alibi. Peu importe, il faudra aller jusqu'au bout, en espérant que l'ADN parle grâce aux progrès scientifiques considérables.

Mais, en définitive, c'est bien à la justice qu'il incombe de trouver les vrais coupables et par voie de conséquence de reconnaître qu'une terrible erreur judiciaire s'est abattue sur Omar Raddad. Ma mission d'avocate consiste à apporter des éléments nouveaux susceptibles de faire naître un doute suffisant pour entrer en voie de révision criminelle. Et ces éléments nouveaux me paraissent parfaitement réunis.

Ma conviction est qu'aujourd'hui tous les voyants sont au vert pour qu'éclate enfin la vérité quant à l'innocence d'un homme qu'on s'est ingénié à présenter comme un coupable idéal.

CHAPITRE II

Le mécanisme de l'erreur judiciaire

Sylvie Noachovitch et Georges Fenech

« Le vrai miroir de nos discours est le cours de nos vies. »
MONTAIGNE, *Essais.*

Comme dans toute œuvre humaine, les juges peuvent commettre des erreurs, mais l'insupportable est de ne pas les reconnaître.

« *Errare humanum est, perseverare diabolicum* » : « l'erreur est humaine, persévérer est diabolique », proclamaient les Romains.

Aussi loin que remontent les jugements criminels, la justice a toujours été confrontée à ce risque, à l'origine de tant de souffrances et de malheurs parfois irréparables.

Nos pratiques professionnelles nous ont enseigné que ce danger guette tous les acteurs de la justice, qu'ils soient juge, procureur, enquêteur, avocat, expert ou témoin.

Comment se départir en effet de ses trop grandes certitudes, de ses préjugés, de ses croyances ? Qui pourrait prétendre à l'infaillibilité, quand toute l'histoire judiciaire est jalonnée de ces procès biaisés, tronqués, bâclés, voire délibérément orientés ?

D'une même voix, juge et avocat, ne craignons pas de proclamer qu'il vaut mieux dix coupables en liberté qu'un seul innocent en prison !

Avant et après Omar Raddad, combien d'autres victimes d'erreurs judiciaires auront-elles subi le même sort tragique ? Certaines d'entre elles ont été judiciairement reconnues, tandis que d'autres, les plus nombreuses sans aucun doute, ont conservé leur mystère à travers les siècles.

Nous sommes en 1796, lorsqu'éclate l'affaire dite du courrier de Lyon. Une malle-poste de cette ville transportant quatre-vingt mille livres en monnaie et sept millions d'assignats-or pour le compte de l'armée de Bonaparte en Italie, est prise d'assaut par des brigands dans la forêt de Melun. Ils s'emparent du magot avant de tuer le postillon et le courrier. Plusieurs témoins visuels accusent formellement six hommes, parmi lesquels un certain Joseph Lesurques qui n'avait pourtant rien d'un bandit de grand chemin. Marié et père de deux enfants, ce rentier jouissait jusque-là d'une excellente réputation. Mais pour son plus grand malheur, on croit le reconnaître comme le seul blond ayant été vu sur le parcours de la diligence quelques heures auparavant. En réalité, l'homme présentait une grande ressemblance avec l'un des véritables auteurs, André Dubosc, qui ne sera identifié et arrêté qu'ultérieurement.

Lors du prononcé de la sentence, le nommé Couriol, qui était passé aux aveux, ne cessa de crier, jusqu'au chemin qui devait les mener à l'échafaud, que Lesurques était innocent.

Avant d'être guillotiné, Joseph Lesurques eut une dernière pensée pour sa femme :

> « Ma bonne amie, quand tu liras cette lettre, je n'existerai plus ; un fer cruel aura tranché le fil de mes jours qui devaient être tous à toi et que j'avais consacrés avec tant de plaisir, mais telle est la destinée qu'on ne peut fuir en aucun cas : je devais être assassiné juridiquement. »

Par la suite, pris de doute, le juge Daubenton décida de rouvrir l'enquête qui le mènera au véritable auteur, André Dubosc, lequel fut à son tour condamné et exécuté.

Frappés par ce malheur, tous les membres de la famille Lesurques connurent une fin tragique.

L'épouse sombra dans la folie, la fille se suicida et le fils mourut au combat pendant la campagne de Russie, après s'être enrôlé dans l'armée napoléonienne pour laver l'honneur de son père.

L'affaire Lesurques alimentera longtemps le débat sur la peine de mort et inspirera le militant le plus acharné de l'abolition, Victor Hugo :

> « Tous les échafauds portent des noms d'innocents et de martyrs. Non, nous ne voulons plus de supplices. Pour nous la guillotine s'appelle Lesurques, la roue s'appelle Calas, le bûcher s'appelle Jeanne d'Arc, la torture s'appelle Thomas More, la ciguë s'appelle Socrate, le gibet se nomme Jésus-Christ[1]. »

De nos jours, malgré le renforcement des droits de la défense, la possibilité d'interjeter appel des arrêts d'assises et les progrès prodigieux réalisés en matière de police scientifique, des erreurs peuvent toujours être commises.

Le risque zéro n'existe pas, serait-on tenté de dire, même avec le meilleur système judiciaire du monde. Là où le bât blesse, c'est lorsque la justice renâcle à le reconnaître, même face à l'évidence, qu'elle n'accepte de recevoir qu'au compte-gouttes les requêtes en

1. Victor Hugo, « Aux habitants de Guernesey ».

révision, comme si elle craignait que, en se remettant en cause, elle menaçât tout l'édifice judiciaire de s'écrouler.

Car force est de déplorer que, encore de nos jours, pour entrer en voie de révision, les magistrats persistent à exiger qu'on leur rapporte la preuve absolue de l'innocence du condamné. Ils ne se contentent pas, comme le prévoit pourtant la loi de 1989 (dite loi Seznec, du nom du bagnard condamné sans preuves), d'un élément nouveau faisant « naître un doute sur la culpabilité ».

Dès lors, un véritable parcours du combattant attend celui qui en est la malheureuse victime. Preuve en est : depuis la fin de la Seconde Guerre mondiale, seules onze révisions criminelles ont été prononcées...

Le premier condamné à avoir été réhabilité depuis 1945 fut Jean Deshays, un docker de Nantes reconnu coupable en 1949 de l'agression mortelle d'un couple âgé de La Plaine-sur-Mer, pour leur faire avouer où se trouvaient leurs économies. L'erreur judiciaire était consécutive au faux témoignage d'un détenu en cavale, mais aussi à des pseudo-aveux extorqués lors de la garde à vue.

Plus tard, au cours d'une dispute entre prostituées, les enquêteurs devaient découvrir, fortuitement, les trois véritables auteurs de l'agression du couple. C'était la preuve irréfutable de l'innocence de Jean Deshays !

La condamnation à dix ans de travaux forcés qui avait frappé à tort Jean Deshays sera annulée en 1954, après quarante-six mois d'incarcération.

L'affaire Guy Mauvillain présente d'étranges similitudes avec celle d'Omar Raddad.

Dans l'une et l'autre en effet, la victime est une dame âgée, qui juste avant de mourir, avait désigné son meurtrier, du moins l'avait-on cru.

Le 9 janvier 1975, Élise Meilhan – 76 ans, professeure de musique retraitée – et son mari sont sauvagement agressés à leur domicile de La Rochelle, pour leur faire avouer où ils cachent leurs économies. Alertée par les cris, une voisine prévient les secours.

Le mari est découvert mort aux côtés de sa femme agonisante. Le médecin qui la prend en charge, recueille ses derniers mots avant qu'elle ne sombre dans un coma définitif : « C'est le mari de Mme Mauvillain, l'infirmière… », murmure-t-elle.

Cette scène ne fait-elle pas écho à celle qui nous concerne aujourd'hui ? Ghislaine Marchal, selon l'accusation, aurait également désigné son meurtrier avant de mourir, en traçant des lettres avec son sang.

Guy Mauvillain, comptable de profession, marié à une aide-soignante, est aussitôt interpellé, puis relâché faute d'autres preuves. Lorsque, quelque temps plus tard, la femme décède des suites de ses blessures, les juges se ravisent et envoient Guy Mauvillain en prison. Son passé de petit délinquant a sans aucun doute joué en sa défaveur.

Après une courte demi-journée d'audience, l'avocat général, sourd à ses cris d'innocence, lui lance : « Ce n'est pas moi qui vous accuse, Mauvillain, c'est votre victime ! » Tout comme le juge Renard évoquera le « testament » en lettres de sang de Ghislaine Marchal. Ces terribles messages *ante mortem* devaient clôturer les deux enquêtes, avant même qu'elles ne commencent.

Le 25 novembre 1975, après un délibéré expéditif d'une demi-heure, Guy Mauvillain était condamné à dix-huit ans de réclusion criminelle, sanction étonnamment clémente à une époque où la peine de mort était toujours en vigueur. C'est un autre point frappant de similitude avec l'affaire Omar Raddad, lequel a aussi écopé de la même peine assortie de circonstances atténuantes. Cette mansuétude respective par rapport à la sauvagerie des crimes signifierait-elle que la main des jurés ait pu trembler face à la minceur des charges ?

Comme pour Omar Raddad, un comité de soutien prit la défense de Guy Mauvillain, avec des noms prestigieux, à l'instar d'Yves Montand, Simone Signoret, Costa-Gavras ou Claude Mauriac.

Au final, Guy Mauvillain eut plus de chance qu'Omar Raddad, car son affaire connut un rebondissement décisif. En effet, un témoignage de dernière minute sera recueilli par le célèbre chroniqueur judiciaire Paul Lefèvre, celui d'une voisine qui avait entendu Mauvillain s'affairer dans sa cuisine au moment du crime, ce qui excluait de fait que ce dernier ait pu être le meurtrier. De surcroît, de nouvelles expertises médicales concluaient à la très faible lucidité de la victime au moment où elle avait désigné son agresseur avant de sombrer dans le coma. Ici aussi, la preuve de l'innocence avait germé !

À la suite d'une requête en révision, la peine fut suspendue en 1981, soit onze ans plus tard, par le nouveau garde des Sceaux, Robert Badinter.

Lors d'un second procès, le 29 juin 1985, Guy Mauvillain fut définitivement acquitté par la cour d'assises de la Gironde. Il devait décéder en 2003, sans que le véritable meurtrier ait jamais pu être identifié.

Quant à Omar Raddad, il ne bénéficiera pas, hélas ! de la même décision des juges, saisis par son avocat de l'époque Jacques Vergès d'une première requête en révision. Les éléments nouveaux ont été jugés insuffisants pour « faire naître un doute sur sa culpabilité ».

En 2001, à hauteur du pont de Neuilly, Marie-Agnès Bedot, âgée de 45 ans, était mortellement poignardée à deux reprises au thorax par un individu qui prenait la fuite sans pouvoir être identifié.

Or, le lendemain, au même lieu et à une heure proche de celle présumée du crime, une infirmière était agressée, verbalement cette fois. Elle donnait une description très précise de son agresseur : un jeune de type européen, cheveux bruns et courts, portant un blouson type aviateur. Après diffusion, un rapprochement était fait avec Marc Machin, 19 ans, petit délinquant d'habitude et auteur d'une précédente agression sexuelle. Il était aussitôt interpellé à son domicile, où les enquêteurs saisissaient précisément un blouson d'aviateur. Sans alibi vérifiable, reconnu de façon « quasi certaine » par l'infirmière, Marc Machin finit par se demander s'il ne souffrait pas d'un dédoublement de personnalité. Il avoua le crime de Neuilly, sous la promesse d'une peine allégée.

En dépit de déclarations incohérentes avec la scène de crime, ainsi que de l'absence sur le corps de la victime de tout matériel génétique ou empreinte papillaire lui appartenant, et enfin, malgré ses rétractations ultérieures, Marc Machin fut condamné en 2004 à dix-huit ans de réclusion criminelle, peine confirmée en appel en 2005.

Or, entre-temps, en 2002, alors qu'il se trouvait encore en détention provisoire, un second meurtre était commis sur une femme, au même endroit. Curieusement, ni les enquêteurs, ni les juges n'avaient établi de lien entre les deux affaires criminelles, qui présentaient pourtant bien des similitudes.

Faute de pistes, l'enquête sur ce second meurtre s'arrêtait là, lorsqu'en 2008, un rebondissement spectaculaire se produisit. Un SDF d'origine guinéenne se présenta spontanément au commissariat de La Défense pour avouer les deux meurtres afin, expliqua-t-il, de soulager sa conscience. Ses déclarations étaient extrêmement détaillées et circonstanciées. De nouvelles analyses génétiques étaient effectuées sur les scellés du premier homicide qui n'avaient pas encore été exploités. Le résultat fut sans appel : les traces correspondaient bien à l'ADN du Guinéen, et donc Marc Machin était innocent !

Le ministre de la Justice saisit aussitôt la Cour de révision qui annulait en 2010 la première condamnation avec renvoi devant une nouvelle cour d'assises.

Acquitté en 2012, Marc Machin obtiendra la somme de 663 320 euros d'indemnisation, mais, hélas ! après sa sortie de prison, il dilapidera cet argent et collectionnera plusieurs condamnations délictuelles, jusqu'en 2021 où il écopera d'une peine de seize ans de réclusion criminelle pour viol sous la menace d'une arme.

Le véritable auteur des deux crimes sera quant à lui condamné en 2012 à la peine de trente ans de réclusion criminelle assortie d'une période de sûreté de vingt ans.

En définitive, on retiendra de Marc Machin qu'il aura été le huitième condamné depuis 1945 à être innocenté à la suite d'un procès en révision.

L'affaire Rida Daalouche restera dans les annales judiciaires comme un cas d'école. Les juges avaient totalement oublié un grand principe général du droit selon lequel la « charge de la preuve incombe à l'accusation ».

Rappel des faits. Le 29 mai 1991 au soir, une bagarre oppose trois hommes dans un bar de Marseille. L'un d'eux, un petit trafiquant de drogue, succombe à la suite de blessures provoquées à l'aide de tessons de bouteille. Les deux autres individus prennent la fuite. Lorsque la police scientifique intervient, le bar a déjà été nettoyé. Plus aucune trace n'est exploitable.

L'enquête piétinait lorsque, cinq mois plus tard, un cousin de la victime accuse un certain Rida Daalouche, qui aurait agi par vengeance. La victime ne lui aurait pas payé la vente de 50 g d'héroïne.

Interpellé, Rida Daalouche, lui-même toxicomane, aux capacités intellectuelles diminuées, est incapable de donner son emploi du temps le soir des faits. Ses explications confuses en font le suspect numéro un aux yeux des enquêteurs, puis du juge d'instruction, qui le place sous mandat de dépôt le 12 novembre 1991. Il faut dire que le passé judiciaire de ce Tunisien de 35 ans, trafiquant de drogue, en fait un coupable idéal.

Le 12 avril 1994, Rida Daalouche est condamné par la cour d'assises des Bouches-du-Rhône à la peine de quatorze ans de réclusion criminelle, sans autre élément de preuve déterminant. À l'évidence, le doute n'avait pas profité à l'accusé, l'affaire aurait pu en rester là sans la présence d'esprit de la sœur de Rida, Keltum, qui vit en Tunisie et qui décide de se rendre en France pour venir en aide à son frère. En rangeant le reste de ses affaires, elle tombe fortuitement sur un certificat médical qui atteste de l'hospitalisation de Rida Daalouche à l'hôpital psychiatrique Édouard-Toulouse de Marseille pour suivre une cure de désintoxication, précisément le jour du meurtre !

La Cour de révision ordonne aussitôt un complément d'enquête. On découvre que, sur les registres de l'hôpital, l'infirmière qui était de garde entre 21 heures et 7 heures du matin avait porté la mention « Daalouche, bon sommeil ». Or, le meurtre dans le bar, situé à 10 km, a été commis après 22 h 15. C'était, dans cette affaire également, la preuve de l'innocence !

La nouvelle cour d'assises de Montpellier acquittera Rida Daalouche le 8 mai 1999, après cinq ans et trois mois de détention !

Logiquement, ce dernier s'adressa ensuite à la Commission nationale d'indemnisation pour demander réparation de ses préjudices. À la stupéfaction générale, il essuya un refus, au motif qu'il était en partie responsable de l'erreur judiciaire. Les juges ont estimé qu'il lui appartenait de produire spontanément le certificat d'hospitalisation salvateur !

Ainsi la justice, non satisfaite de s'être fourvoyée, passait les conséquences de sa lourde erreur en pertes et profits !

Loïc Sécher, un ouvrier agricole de Loire-Atlantique âgé de 40 ans, timide et réservé, fut le septième condamné, depuis 1945, à être réhabilité. Il avait écopé en 2003 d'une peine de seize ans de réclusion criminelle pour des viols et agressions sexuelles. Une condamnation confirmée en 2004 par la cour d'appel de Rennes.

Il passera plus de sept années en prison, bien qu'ayant toujours clamé son innocence. La condamnation par les deux premières cours d'assises s'était fondée sur la reconnaissance formelle de son agresseur par une adolescente de 14 ans.

Fragile psychologiquement, Émilie, une fois devenue majeure, avait, par l'intermédiaire de son avocate, adressé le 31 mars 2008 une lettre au procureur général de Rennes, par laquelle elle affirmait que « Loïc Sécher était innocent et qu'[elle] ne supportait plus de le voir en prison. »

Relevons au passage que les experts psychiatres avaient estimé que l'accusation d'Émilie était « crédible » et qu'elle n'avait aucune « propension à fabuler ». Ce qui en dit long par ailleurs sur la fiabilité de certaines expertises psychiatriques !

Ainsi, la simple reconnaissance par une adolescente en proie à un profond mal-être, confortée par des expertises psychiatriques erronées, avait-elle suffi pour faire condamner un innocent, sans aucune autre preuve matérielle.

Après que la Cour de révision eut ordonné un nouveau procès, le 24 juin 2011, la cour d'assises de Paris acquitta Loïc Sécher en ces termes : « La cour et le jury ont acquis la certitude qu'aucune charge ne pouvait être retenue contre vous, ce n'est pas un acquittement au bénéfice du doute. » La présidente, Nadia Ajjan, ajoutait en s'adressant à l'accusé tapi dans le box : « Nous vous souhaitons une reconstruction dans les mois et années qui viennent. »

Loïc Sécher devait décéder dix ans plus tard à son domicile de Tréguennec (Finistère) à l'âge de 60 ans, sans jamais s'être remis de ses années de réclusion.

L'erreur judiciaire est encore plus insupportable lorsqu'elle s'abat sur un mineur.

Patrick Dils, un adolescent de 16 ans, avait passé des pseudo-aveux au cours de sa garde à vue, hors de la présence d'un avocat. Rappelons qu'à cette époque, l'assistance d'un avocat n'était pas autorisée à ce stade de l'enquête. Il fallut attendre une loi du 14 avril 2011 pour y remédier.

Il avait avoué le meurtre de deux garçonnets de huit ans, dont les corps avaient été retrouvés le long d'une voie ferrée à Montigny-lès-Metz (Moselle), le crâne fracassé à coups de pierre.

Condamné à la réclusion criminelle à perpétuité en 1989, il n'avait cessé de clamer son innocence pendant les quinze ans que durera sa détention. Après une première demande en révision acceptée, Patrick Dils vit, hélas ! sa culpabilité confirmée, avec une peine ramenée à vingt-cinq ans, et ce, malgré des réquisitions d'acquittement. Puis, en avril 2001, la chambre criminelle de la Cour de cassation ordonnait un troisième procès, après qu'ait été établie la présence sur les lieux du crime du tueur en série Francis Heaulme, ce qui innocentait, définitivement cette fois, Patrick Dils, lequel finit par être acquitté par la cour d'assises du Rhône.

Entre-temps, la justice lui avait volé son adolescence, une partie de sa jeunesse, et l'avait arraché à l'affection de ses parents.

Pendant toutes ces années, ces derniers avaient conservé sa chambre intacte, sans jamais perdre l'espoir du retour de leur enfant au sein de sa famille.

Après ce rappel non exhaustif des rares erreurs judiciairement reconnues, on mesure combien il est difficile de rapporter la preuve de l'innocence toujours exigée par les magistrats pour entrer en voie de révision.

C'est pourquoi, dans le but de faire évoluer cette très ancienne jurisprudence, construite pour préserver le principe de l'autorité de la chose jugée, le législateur a dû à nouveau intervenir, le 20 juin 2014.

C'est bien grâce à cette réforme que l'avocate d'Omar Raddad pouvait enfin obtenir les expertises qu'elle sollicitait depuis 2008 auprès du ministère de la Justice puis du procureur de la République, qui ont révélé des éléments nouveaux ouvrant la perspective d'un second procès.

CHAPITRE III

Professions : juge et avocat

Georges Fenech puis Sylvie Noachovitch

« Il n'y a pas de hasard, il n'y a que des rendez-vous. »
Attribué à Paul Éluard.

Profession : juge | Georges Fenech

« Une injustice commise quelque part est une menace pour la justice dans le monde entier. »
Martin Luther King

Depuis mon modeste cabinet niché dans les combles du palais de justice historique, les « Vingt-Quatre Colonnes » comme le surnomment les Lyonnais, j'ai moi-même, dans mes fonctions de juge d'instruction, sans aucun doute frôlé des catastrophes judiciaires. Peut-être même en ai-je commis ?

À cette époque, je traitais toutes sortes de dossiers : vols, escroqueries, braquages à main armée, meurtres, viols en réunion, trafic de stupéfiants, malversations économiques, etc.

J'eus en charge aussi des dossiers sensibles, tels que ceux visant l'Église de scientologie ou celui du financement illégal de la fédération du parti socialiste du Rhône, qui donna lieu à la première loi d'auto-amnistie de 1988.

Je subis aussi un échec cuisant quand, la mort dans l'âme, je dus me résigner à rendre une ordonnance de non-lieu dans l'affaire de l'assassinat du juge d'instruction lyonnais François Renaud, dit « le Shérif », tombé en 1975 sous les balles du gang des Lyonnais. Aucune charge suffisante n'avait, hélas ! pu être imputée à leurs membres pour justifier un renvoi devant la cour d'assises. L'affaire est aujourd'hui définitivement prescrite.

On le voit, la justice peut se tromper en condamnant à tort, mais elle peut aussi échouer en n'identifiant pas les coupables.

Au moment où l'affaire Omar Raddad défraie la chronique judiciaire, dix ans après celle de l'affaire du petit Grégory, je m'interroge sur ma propre pratique professionnelle, mes certitudes – trop grandes sans doute. N'ai-je pas aussi commis des erreurs au cours de mes instructions qui auraient abouti à des condamnations d'innocents ?

J'ai gardé précisément en mémoire une erreur que j'ai évitée de justesse.

Nathalie, 22 ans, prépare, hasard des choses, le concours d'entrée à l'École nationale de la magistrature. Vers 7 heures, en cette soirée printanière, elle rentre chez elle pour retrouver son mari. Dans l'escalier, elle croise une voisine. Échange de banalités, salut courtois. Mais il y a aussi un homme, un inconnu, brun, de taille moyenne.

Quelques minutes après être rentrée chez elle, un coup de sonnette retentit. C'est l'inconnu, très aimable. « Excusez-moi, j'ai un problème de clés. Je les ai fait refaire et je n'arrive plus à ouvrir la porte de mon appartement. Pourriez-vous me donner un bol d'eau pour mon chat ? » Nathalie se dirige vers la cuisine. Quelques pas et le doute s'installe : étrange, cette histoire de clés et de chat. Le temps de se retourner et elle se retrouve face à l'individu qui a claqué la porte. Son sourire s'est mué en menace. Il brandit soudain une spatule de maçon. Nathalie tente de trouver les mots pour l'apaiser, lui propose en tremblant de l'argent. En vain.

Le regard de l'homme devient fixe. « Je sors de taule et tu vas me servir de femme. Tu vas coucher avec moi. » Affolée, Nathalie hurle que son mari va arriver d'une minute à l'autre. Sous la pression de l'agresseur, elle finira par céder.

Les enquêteurs ont enregistré minutieusement toutes les informations sur le viol : fellation, pénétration. Le dossier que j'ai sous les yeux est complet. L'homme – très précisément décrit par Nathalie – de type méditerranéen, 30 ans, athlétique, portait des lunettes à la monture argentée, un jean blanc et des baskets bleues. Il s'est enfui en oubliant la spatule. Ce qui permettra par la suite à la police de retrouver le droguiste qui a vendu cet outil. Les policiers présentent une série de photos extraites de leur fichier Canonge[1] à la jeune femme.

Elle s'arrête immédiatement sur l'une d'elles, pointant du doigt le visage d'un dénommé Abdel, 28 ans, petit délinquant d'habitude. La voisine rencontrée dans l'escalier est elle aussi formelle : c'est bien Abdel le violeur. Enquête : Abdel est domicilié chez sa mère, mais vit chez sa petite amie Anifa. Il traîne la journée dans les bars du quartier, sans occupation fixe. Abdel, introuvable, va finalement être prévenu par sa famille.

Je poursuis la lecture des procès-verbaux, le téléphone débranché pour éviter d'être dérangé. L'heure avance. Je sens la greffière s'impatienter.

Trois jours plus tard, Abdel se présente au commissariat de police où il est immédiatement mis en garde à vue. Le suspect semble abasourdi et répond par

1. Un trombinoscope de suspects.

la négative à chacune des questions de l'inspecteur. Sûr de lui, il met en avant un alibi : au moment du viol, il avait récupéré son poste de télévision donné à réparer. « Interrogez ma petite amie, le 9 mai au soir, nous avons même regardé un film sur TF1, *Ghost* », affirme-t-il. Chaque déclaration est minutieusement vérifiée. Anifa confirme les dires de son ami. Mais après avoir consulté un programme, l'inspecteur découvre que le film *Ghost* a été diffusé la veille du 9… Cette découverte doublée d'une perquisition au domicile du suspect, où l'on retrouve jeans, baskets bleues et lunettes détruit l'alibi d'Abdel. On le présente alors à sa victime qui le reconnaît immédiatement parmi une dizaine de figurants.

Ma conviction est faite : un faux alibi, un casier judiciaire, deux témoins qui le reconnaissent indiscutablement. Je referme le dossier, convaincu : Abdel est coupable. Je le fais entrer, et il s'assied pendant que son avocat me prie de le dispenser du port de la robe – Lyon s'alanguit sous une chaleur moite étouffante, proche de l'orage. Une fois l'identité vérifiée, l'interrogatoire commence, tandis que ma greffière transcrit les déclarations. L'individu réfute le viol avec véhémence. « Je n'ai rien à cacher, monsieur le juge, je n'ai rien à voir avec cette histoire. » Sa condamnation appartient au passé. « Je bénéficie aujourd'hui d'un stage et compte me marier », ajoute Abdel sous le coup de l'excitation. Après lui avoir détaillé tous les éléments à charge, je lui intime de dire la vérité. L'avocat, un bon pénaliste, s'insurge. Il est dans son rôle. « Mon client ne va pas reconnaître un crime qu'il n'a pas commis ! » Abdel fond en larmes, supplie : « Mettez-vous à ma place, monsieur le juge, j'ai eu peur d'aller en prison. J'ai raconté ce qui me venait à l'esprit. Les flics me hurlaient que mon compte était bon. » À mes côtés, l'auditeur de justice, futur magistrat, n'a rien perdu de la scène. Il me chuchote à l'oreille qu'Abdel ferait un excellent comédien.

Je viens de téléphoner au substitut pour le débat contradictoire. L'attente paraît interminable. Il n'y a pas d'ascenseur dans cette aile du bâtiment et la section du traitement direct est logée au sous-sol, la « soute », comme l'ont baptisée les parquetiers. Là, dans cette espèce de standard téléphonique, retentissent sans relâche les appels des services de police et de gendarmerie du ressort. À l'autre bout du fil, des substituts tout droit sortis de l'école de Bordeaux, dont une femme. Quelques minutes après, on entend claquer ses talons pressés dans le couloir. « Mme le procureur, je viens de procéder à la mise en examen d'Abdel qui persiste à nier les faits. Eu égard à leur gravité, j'envisage de décerner un mandat de dépôt. Quelles sont vos réquisitions ? » Tailleur élégant, bas résille, ma jeune collègue se tient debout près d'Abdel qui fait grise mine après quarante-huit heures de garde à vue. Le contraste est singulier. Une légère note Chanel adoucit l'atmosphère. Abdel ose à peine relever la tête pour s'entendre requérir en quelques mots une mesure de détention provisoire. Dans tous ses états, Abdel interpelle la parquetière irritée : « Vous êtes en train de commettre une erreur judiciaire ! » Les grands mots ! Je rappelle Abdel à l'ordre : « Vous ne devez pas vous adresser directement au représentant du parquet. » Il s'excuse en bredouillant : « Je ne savais pas. » L'avocat s'exprime en dernier et épouse la cause de son client.

Les témoins peuvent se tromper, soit ! Mais le faux alibi, les baskets, les lunettes : les indices sont trop nombreux. À la première confrontation, j'en suis persuadé, Abdel avouera. Je signe le mandat de dépôt sous les dernières protestations. Le premier acte s'achève ; il est 21 heures. Je quitte mon bureau, hanté par le visage d'Abdel.

Une semaine plus tard, Nathalie, qui s'est constituée partie civile, me confirme ses déclarations. Elle scrute la photo d'Abdel, secoue son joli visage, tremblante : « C'est lui, sans aucun doute. » Ses phrases sont mesurées, son discours précis. Elle m'explique qu'elle souhaite présenter le concours de Bordeaux pour devenir magistrat.

Le lendemain matin, je reçois un coup de fil de l'inspecteur en charge de l'enquête. Je sens à sa voix poindre son désarroi :

« Monsieur le juge, dit-il, j'ai en garde à vue un certain Khaled qui vient d'avouer trois viols.

– Encore !

– Oui, mais le type en question reconnaît aussi le viol de Nathalie. Il aurait récidivé deux fois après notre affaire, en procédant de la même manière : en demandant de l'eau pour son chat, et en menaçant ses victimes à l'aide d'une spatule. Ça ne s'invente pas. De plus, Khaled ressemble beaucoup à Abdel. »

J'en reste coi. Mais il faut rapidement se rendre à l'évidence. Le soir même, je décide de remettre Abdel en liberté. Je téléphone à son avocat qui paraît aussi étonné que moi. Nous avons tous frôlé l'erreur judiciaire.

Pour en avoir le cœur net, quelques jours plus tard, je fais présenter Khaled à sa victime, sans la prévenir qu'Abdel est devenu Khaled. Le nouveau suspect est à son tour placé au milieu de jeunes gens. Nathalie n'hésite pas, désigne Khaled et se retourne vers moi, légèrement agacée : « Mais enfin, monsieur le juge, c'est lui, j'en suis certaine. Comme je vous l'ai dit la dernière fois, je n'ai aucun doute ! » Nathalie ne s'est même pas rendu compte qu'elle vient de désigner formellement un deuxième suspect. Finalement,

Khaled sera condamné par la cour d'assises à dix ans de réclusion criminelle. Je n'ai jamais cherché à savoir si Nathalie est devenue magistrat. Abdel aura fait treize jours de prison. Treize jours pour rien. Je n'entendrai plus jamais reparler de lui.

C'est à cette époque que, par le plus grand des hasards, je devais faire la connaissance par média interposé d'une avocate, Sylvie Noachovitch, qui avait été invitée sur un plateau afin d'évoquer son combat contre « l'erreur judiciaire ».

Profession : avocat | Sylvie Noachovitch

« Selon que vous serez puissant ou misérable,
Les jugements de cour vous rendront blanc ou noir »
LA FONTAINE, *Fables*,
« Les animaux malades de la peste »

Rappelons-nous la parole de La Bruyère : « Un innocent condamné est l'affaire de tous les honnêtes gens[2]. »

Depuis mon enfance, je lutte contre toute forme d'injustice. J'aimais me positionner en chef de file pour protéger les plus faibles. Mon parcours a toujours été celui-ci et c'est pourquoi on me retrouve toujours

2. LA BRUYÈRE, *Caractères*, « De quelques usages », Flammarion, 1880.

dans des univers différents, mais qui ont tous pour point commun l'aide et l'amour de son prochain.

Je ne suis guidée que par la passion et il ne peut en être autrement. Je ne supporte pas la médiocrité et encore moins l'indifférence. Nous formons tous l'univers et chacun apporte sa pierre à l'édifice.

Chacun doit savoir ce qu'il a de mieux en lui et doit le développer, non seulement pour l'épanouissement de l'autre, mais aussi pour son propre épanouissement.

Je trouve mon épanouissement dans le bonheur que je peux apporter à tous ceux qui m'approchent : ma famille, mes amis, mes clients et aussi les auditeurs et téléspectateurs, à qui je prodigue depuis plus de vingt ans des conseils pour éviter les arnaques en tous genres.

Dès la création de mon propre cabinet en 1990, j'ai compris que je m'épanouirais dans mon métier d'avocate, car je pouvais rectifier des injustices, comme permettre à une femme battue, trompée et humiliée, de se reconstruire grâce à l'obtention en justice de la condamnation de l'époux au divorce pour faute, avec l'obligation de payer une prestation compensatoire d'un montant tellement important qu'il a dû vendre l'immeuble dans lequel il accomplissait ses méfaits…

Je n'ai pas non plus hésité à aider cette femme iranienne qu'un mandataire liquidateur voulait spolier en lui prenant son usine de marbre avec la complicité ou la bêtise de certains magistrats consulaires du tribunal de commerce. Désespérée et ruinée, elle est venue me consulter pour que je trouve une solution. Nous avons interjeté appel et la cour d'appel a rectifié ce scandale en restituant à ma cliente son usine de marbre ! Depuis ce jour-là, j'ai compris définitivement que la justice était humaine et qu'il ne fallait jamais baisser les bras face à une injustice.

Cette femme reconnaissante me vit quelques mois plus tard dans les journaux représenter la famille d'une jeune femme assassinée, professeur le jour et prostituée la nuit. L'auteur du crime était défendu par le ténor du barreau Paul Lombard, mais la jeune avocate de 28 ans que j'étais ne s'est pas laissé impressionner. Il voulait faire croire à une scène sadomasochiste qui aurait mal tourné, mais les jurés ne se sont pas laissé convaincre. Il a été condamné à la hauteur de son crime, ce qui a permis à la famille de se reconstruire, même si cette jeune femme pleine de qualités leur manquera à jamais.

La presse s'est fait l'écho de cette condamnation, et c'est ainsi que je devins l'avocate des enfants et des petits-enfants de Chapour Bakhtiar, Premier ministre du Chah d'Iran, assassiné avec son secrétaire dans des conditions atroces. Ma cliente iranienne était leur cousine, ce que j'ignorais totalement. Sa famille lui avait demandé de l'aider à trouver un nouvel avocat. Ce fut d'ailleurs mon premier lien avec mon confrère Jacques Vergès, puisqu'il était initialement le leur.

La condamnation de l'État d'Iran fut une victoire appréciée de mes clients après un mois et demi de procès devant la cour d'assises, composée uniquement de magistrats professionnels du fait du risque de pressions.

Je compris pendant cette période à quel point il est difficile de vivre avec la présence quotidienne de gardes du corps ! Mes voisins également, même si on en plaisante aujourd'hui !

Mon goût pour le droit pénal s'est développé grâce à cette affaire, car j'ai pu côtoyer tout au long de ces semaines les plus grands ténors du barreau de Paris, qui représentaient la concubine de Chapour Bakhtiar ainsi qu'une association antiterroriste.

Le bouche-à-oreille m'a permis de défendre beaucoup de personnes victimes d'injustice et d'obtenir leur acquittement grâce à des magistrats ou des jurés guidés par le même souci de ne pas faire condamner un innocent.

Je défends aussi beaucoup de victimes qui ont besoin de se reconstruire face à un coupable qui minimise les faits et espère faire diminuer sa peine.

Lorsqu'il n'y a aucun doute sur la culpabilité, je suis intraitable. C'est pourquoi, lorsque je prends un dossier, je me forge d'abord une conviction.

Il m'est déjà arrivé plusieurs fois de refuser de défendre des personnes qui prétendaient être victimes alors qu'il n'y avait aucun élément du dossier qui emportait ma conviction. Dans ces cas-là, je préfère refuser de défendre plutôt que de défendre mal. Je refuse d'accabler un homme ou une femme lorsqu'il existe un doute sur sa culpabilité.

En 2008, Omar Raddad demanda à me rencontrer à mon cabinet d'avocat, après m'avoir découverte dans les médias. Il suivait de façon assidue les émissions *Sans aucun doute* sur TF1, ainsi que les reportages dans lesquels j'intervenais pour évoquer les affaires pénales que je défendais. Sensible à mon combat contre l'injustice, il s'était convaincu que je devais être l'avocate idéale pour le représenter.

Lors de notre premier entretien, j'ai été impressionnée de voir combien cet homme, qui n'avait jamais cessé de clamer son innocence, était resté combatif, alors même que Me Vergès, de guerre lasse, avait, selon ses dires, archivé son dossier.

Il me dit ensuite sa fierté pour la réussite de ses enfants : l'un occupe l'emploi de travailleur social et l'autre est engagé pour la France dans la marine nationale.

Il me raconta aussi son désarroi d'avoir été condamné à tort. Ses nombreuses supplications auprès du juge d'instruction qui ne voulait rien entendre, ses tentatives de suicide en maison d'arrêt pour qu'on l'entende... Il parlait en boucle de son incompréhension de ne pas avoir vu son procès révisé malgré les carences de l'enquête et les nombreux éléments nouveaux apportés par Me Vergès en 2001.

Il m'expliqua que la grâce présidentielle dont il avait bénéficié ne lui suffisait pas, car il était aux yeux de la loi considéré comme coupable d'un crime qu'il n'avait pas commis. Pour lui, c'était inacceptable, c'est pourquoi il était tombé dans une lourde dépression qui l'avait mis à terre au point de ne plus pouvoir se relever.

C'est ainsi qu'il a été reconnu comme personne en situation de handicap en raison de sa dépression. Il ne lui est pas possible de travailler. Sa souffrance est trop lourde. Il s'est toujours promis qu'il ne se relèverait de sa dépression que lorsqu'il serait blanchi. Heureusement, sa famille est autour de lui et ses enfants sont sa fierté. Sans sa famille, il ne serait peut-être plus de ce monde du fait de son immense chagrin. J'ai été surprise par la particulière gentillesse qui émane de lui. Il bénéficie par ailleurs d'un charisme naturel.

À mon tour, je ne lui ai pas caché combien son affaire m'avait bouleversée lorsque je l'avais suivie comme tout le monde par le biais des médias, et, comme beaucoup de Français, j'avais la conviction que l'instruction, puis le procès, avaient été menés strictement à charge. Comme tous ceux qui ont eu l'occasion de le rencontrer, j'ai été immédiatement saisie par ses accents de sincérité et de détermination qu'il dégageait.

Omar Raddad m'indiqua que son ancien avocat, Jacques Vergès, avait classé son dossier, car il estimait que tout avait été fait et qu'il ne fallait plus rien attendre. C'est la raison pour laquelle il avait décidé de changer d'avocat, car il ne renoncerait jamais à se battre.

Connaissant le combat qui avait été mené par mon confrère dans le procès en révision, je ne lui ai pas caché que, sans élément nouveau, je ne pourrais rien faire et qu'il n'était pas question que je lui donne de l'espoir en vain.

J'ai ainsi décidé de prendre son dossier pour l'étudier de fond en comble, afin de trouver l'élément nouveau que personne n'aurait vu et qui me permettrait de sauver cet homme, qui ne pouvait continuer à vivre avec cette terrible condamnation.

Mes échanges téléphoniques avec Jacques Vergès furent très cordiaux et je l'ai félicité pour le combat qu'il avait mené dans le premier procès en révision. Il m'a souhaité bonne chance et m'a adressé le dossier d'Omar Raddad.

Après m'être plongée dans l'étude du dossier, j'ai découvert avec stupéfaction que lorsque deux ADN avaient été découverts lors de la première révision en 2001, la commission de révision ne s'était pas intéressée au fait de savoir à qui ils appartenaient !

Pourtant, ces ADN prélevés sur les portes étaient mélangés au sang de la victime ! Et ce n'était pas l'ADN d'Omar Raddad, qui avait bien sûr été comparé !

La Cour de révision en 2002 a cru devoir considérer que la présence de ces deux ADN ne mettait pas un doute sur la culpabilité du condamné ! La cour a considéré qu'on ne pouvait pas savoir si ces ADN étaient concomitants ou postérieurs au meurtre. Néanmoins, pourquoi n'ont-ils pas été comparés au fichier national automatisé des empreintes génétiques, le FNAEG ? Pourquoi cette question n'est-elle pas posée lorsque l'on découvre une scène de crime ?

Lorsque j'ai repris le dossier en 2008, les deux ADN retrouvés mélangés au sang de la victime n'étaient toujours pas inscrits au FNAEG, fait sans précédent dans les annales judiciaires. Ce fichier gère en effet les empreintes génétiques des criminels et des délinquants.

J'ai décidé alors de saisir le garde des Sceaux pour obtenir la comparaison de ces deux ADN avec ceux répertoriés dans le FNAEG.

Ce fut un véritable parcours du combattant.

Après plusieurs années de combat, le garde des Sceaux a fait droit en 2011 à ma demande. Mais, quelques mois plus tard, on m'a annoncé qu'il n'y avait pas assez de matière et on m'a donc demandé de solliciter, au nom du principe de la séparation des pouvoirs, l'autorisation du procureur de prélever de la matière sur les portes qui se trouvaient sous scellé…

Sans illusion, je me suis heurtée à une fin de non-recevoir du procureur…

Je livrais alors en mon âme et conscience un véritable combat avec les magistrats du parquet pour obtenir les nouveaux actes et nouvelles expertises qui s'imposaient. Jamais je ne renoncerai face à l'inertie de certains qui ne font pas l'honneur de leurs pairs. Mais comment, dorénavant, espérer convaincre les juges de rouvrir le dossier, puisque tous les recours avaient été épuisés ?

Comment obtenir de nouvelles recherches de traces ADN qui paraissaient indispensables, compte tenu des progrès spectaculaires de la science génétique ? Comment réussir à faire sortir les portes des scellés ?

Seul un élément nouveau de cette importance pourrait relancer la marche vers la vérité judiciaire.

Or, en l'état du droit à cette époque, les moyens réels de la défense étaient quasi inexistants.

Un condamné ne pouvait pas, par exemple, demander et obtenir d'un procureur de vérifier la réalité d'un élément nouveau.

La seule solution ne pouvait venir désormais que d'une réforme de la procédure de révision criminelle, pour la rendre plus accessible, plus ouverte, plus transparente, plus contradictoire et aussi plus respectueuse de la notion de « doute », sans pour autant bien sûr remettre en cause le principe de l'autorité de la chose jugée.

L'horizon devait s'éclaircir lorsque j'ai été invitée à l'Assemblée nationale fin 2013 par l'ancien juge Georges Fenech, qui était devenu député et membre de la Commission des lois. Sa commission souhaitait réformer de fond en comble la procédure de la révision criminelle.

Ensemble, nous avons envisagé quelles nouvelles dispositions permettraient de lutter contre l'inertie de la justice, quand tout porte à croire à l'innocence du condamné.

Nous nous connaissions, Georges et moi, par médias interposés. J'appréciais sa rigueur et son sens de la justice. Il avait suivi lui-même mes combats contre les erreurs judiciaires. Chacun de notre côté, nous nous battions pour la même cause. Ce sens de la justice partagé devait nous réunir.

Nous n'oublierons jamais cette rencontre, le 10 octobre 2013, qui nous permit de découvrir que nous étions guidés par le même objectif. Georges a été effaré de constater tous les obstacles que je subissais, en tant qu'avocate, notamment dans l'affaire Omar Raddad, et fut définitivement convaincu de réformer la loi.

Il s'agit d'un moment inoubliable, car je me suis enfin sentie comprise et écoutée. J'ai détaillé tous les obstacles auxquels je me heurtais et la nécessité de faire jouer un rôle actif à l'avocat pour qu'il puisse obtenir l'accomplissement d'actes sans être en position de soumission par rapport au procureur de la République. J'expliquais combien il était injuste qu'un procureur puisse faire rouvrir comme il l'entendait un dossier, sans que ce soit possible pour un avocat.

Je comprenais, pendant mon plaidoyer, qu'une issue était possible et que je pouvais espérer qu'une loi me permettrait d'obtenir que les ADN qui se trouvaient sur les portes soient enfin prélevés et comparés au FNAEG !

CHAPITRE IV
Un coupable idéal

Sylvie Noachovitch

« Il vaut mieux hasarder d'innocenter un coupable que de condamner un innocent. »
VOLTAIRE, *Zadig ou la Destinée.*

L'enquête et l'instruction à charge

Lundi 24 juin 1991, peu avant 20 heures, les gendarmes de Valbonne, alertés du silence inquiétant de Ghislaine Marchal, découvrent dans la chaufferie de sa villa, son corps sans vie.

Dans le couloir du sous-sol, sur une porte en bois donnant accès à une cave à vin, apparaît cette inscription : « OMAR M'A TUER », tracée en lettres de sang.

À six mètres, sur la porte ouverte du local de la chaudière de la piscine, figure une seconde inscription à peine déchiffrable : « OMAR M'A T ».

D'entrée de jeu, les enquêteurs érigent un postulat : ces inscriptions ont été laissées par la victime qui aurait ainsi désigné son meurtrier, avant de succomber à ses terribles blessures occasionnées par une arme blanche.

Les enquêteurs orientent immédiatement leurs soupçons vers Omar Raddad, le jardinier de Ghislaine Marchal.

On l'arrête le mardi 25 juin 1991, alors qu'il se trouve chez ses beaux-parents à Toulon pour fêter l'Aïd-el-Kébir.

Curieusement, Omar est présenté par les gendarmes comme un individu en fuite, et donc comme une personne ayant quelque chose à se reprocher.

Placé en garde à vue, le suspect au profil idéal est entendu, pendant de très longues heures, debout, sans repos, hors de l'assistance d'un avocat et d'un interprète en langue arabe marocaine, alors qu'il est établi qu'il maîtrise mal la langue française et ne sait ni lire ni écrire, comme il le dévoile lui-même dans un livre[1] :

> « Je comprenais mal ce que me demandaient les gendarmes. J'avais bien appris quelques mots de français avec mes patrons mais ça

1. Omar RADDAD, Sylvie LOTIRON, *Pourquoi moi ?*, Seuil, 2003.

> concernait essentiellement le jardinage; je parlais l'arabe avec ma femme et le berbère avec mon père. J'essayais pourtant de leur répondre du mieux que je pouvais, avec les quelques mots de français que je connaissais; lorsque je n'arrivais pas à m'exprimer dans cette langue, je terminais mes phrases en arabe ou à l'aide des gestes. Ce qui permettait aux gendarmes d'écrire à peu près ce qu'ils voulaient sur leurs procès-verbaux. »

Bien que niant avec la dernière énergie avoir une quelconque implication dans le meurtre de son employeur, Omar Raddad est aussitôt mis en examen et placé en détention provisoire.

La machine infernale vient de se mettre en marche.

Tout sera désormais mis en œuvre pour faire coller l'enquête avec le scénario initial, en bafouant les règles élémentaires de la médecine légale, du processus d'enquête et des droits de la défense.

D'entrée de jeu, son prénom, « Omar », le désigne coupable aux yeux de tous, indépendamment de la recherche de toute autre piste.

Les choses vont s'accélérer lorsque le premier expert en écriture, Gilles Giessner, attribuera de manière certaine les lettres de sang à Ghislaine Marchal.

Le mal était fait, même si lors du procès, l'expert, si affirmatif, reviendra sur ses certitudes en indiquant n'être plus sûr qu'aux deux tiers…

Ainsi, un simple prénom et un rapprochement d'écriture hasardeux auront suffi à sceller le sort d'un homme, en le renvoyant sans coup férir devant une cour d'assises sourde à ses cris d'innocence, aucune enquête complémentaire sur l'entourage proche de la victime, sur ses comptes bancaires, mais également en direction d'autres pistes, n'ayant été diligentée.

En vérité, tout porte à croire qu'avec Omar Raddad on tenait le coupable idéal, qui permettrait de clore au plus vite une affaire qui faisait grand bruit et dont la résolution satisfaisait enquêteurs, magistrats, journalistes ainsi que la prestigieuse famille de la victime, dont, précisons-le, la sœur, Mme Claude de Renty, est une ancienne magistrate et l'épouse de M. Bernard du Granrut, ancien bâtonnier de l'ordre des avocats de Paris.

À l'évidence, les pistes non exploitées, les irrégularités et négligences commises tout au long de la procédure ainsi que les nombreuses questions restées sans réponse n'ont pas permis de retrouver les vrais coupables et ont mis de fait Omar Raddad dans la situation de ne pas pouvoir se défendre équitablement.

Quand précisément le crime a-t-il eu lieu : le 23 ou le 24 juin 1991 ? A-t-on correctement vérifié l'alibi d'Omar Raddad ? Ce dernier aurait-il eu un mobile suffisant pour éliminer si sauvagement la victime, qui l'employait et avec laquelle il entretenait de bons rapports ? Est-on vraiment sûr que l'inscription « Omar m'a tuer », le seul élément matériel de l'accusation, était bien de la main de Ghislaine Marchal ? A-t-on à coup sûr résolu le mystère de la « chambre jaune » en tenant pour acquis que seule la victime avait pu se barricader de l'intérieur de la cave, et donc avoir été nécessairement l'auteur des fameuses lettres de sang ? A-t-on correctement exploité toutes les traces génétiques recueillies sur les lieux du crime ? Pourquoi n'a-t-on pas vérifié les autres pistes, pourtant nombreuses, quitte à devoir les refermer ?

C'est à toutes ces questions que nous allons nous efforcer de répondre, pour la vérité judiciaire et l'honneur d'un homme.

« Omar m'a tuer » : testament ou machination ?

Les lettres de sang, « OMAR M'A TUER », au cœur du procès, sont-elles le « testament » de Ghislaine Marchal, comme le juge d'instruction l'avait affirmé dans les médias, ou un stratagème diabolique destiné à brouiller les pistes, en faisant porter les soupçons sur son jardinier ?

Les enquêteurs ne semblent pas vraiment s'être posé la question. Ils ont foncé tête baissée sur le postulat que la victime, dans un dernier sursaut, avait tracé elle-même les inscriptions accusatrices sur les deux portes. Dès lors, toute l'enquête, comme une sorte de jeu Cluedo, s'était orientée vers le seul suspect qu'on avait sous la main, sans jamais envisager l'hypothèse d'une intervention extérieure.

D'emblée, on avait considéré comme définitivement acquis que Ghislaine Marchal, malgré ses graves blessures, avait eu encore la force de désigner son agresseur avec son propre sang à deux endroits distincts et ensuite de se barricader dans la cave en déplaçant un lit de camp.

Chacun comprend bien que, dans ces circonstances, la condamnation d'Omar Raddad n'avait reposé que sur une pure construction intellectuelle et non sur une certitude absolue.

Imaginons nous-même un autre scénario que celui retenu par l'accusation. Pourquoi pas, puisque nous en sommes à émettre des hypothèses ? Le ou les assassins, après avoir tracé les lettres de sang pour égarer les soupçons, ont verrouillé la porte de la cave depuis l'extérieur, en laissant leur victime pour morte. Par la suite, dans un dernier souffle de vie, Ghislaine Marchal se serait relevée et barricadée pour échapper à un éventuel retour de ses agresseurs... Qui pourrait démontrer le contraire ?

Toutes les hypothèses absurdes peuvent être avancées.

En réalité, on le voit bien, différentes versions peuvent être soutenues, mais aucune ne peut être considérée comme certaine.

Ce qui est certain, c'est qu'il est inconcevable d'un point de vue scientifique et médico-légal que Mme Marchal ait pu inscrire elle-même ces lettres de sang.

Le gendarme Censi, qui a suivi l'enquête et qui n'a pas craint de créer un site intitulé « Omar l'a tuer », aura beau se débattre et tenter de justifier son enquête partiale et carencée avec la bénédiction du juge Renard, aucun argument ne résistera à l'examen.

Or, la justice a pris le risque d'opter pour la première version, sans tenir compte du doute, en se retranchant derrière cette seule vérité, comme inscrite dans le marbre : les lettres de sang – « Omar m'a tuer » – ne pouvaient être que le « testament » de Ghislaine Marchal !

Cependant, ce scénario ne colle pas avec les constatations matérielles effectuées sur les lieux du crime.

En effet, réfléchissons. Si les deux phrases avaient été écrites par Ghislaine Marchal, les enquêteurs auraient nécessairement relevé des traces de sang continues sur le sol jalonnant le trajet conduisant de la porte de la cave à vin à la porte de la chaufferie. Puisque, rappelons-le, la partie interne de sa cuisse gauche portait une profonde blessure au couteau, et aurait, en cas de déplacement, entraîné nécessairement une coulée de sang au sol. De plus, les premiers experts médico-légaux avaient mentionné l'absence de quantité significative de sang dans l'abdomen de Ghislaine Marchal. Ce qui signifiait que la victime s'était vidée de son sang sur place, alors qu'elle était allongée.

Cette dernière hypothèse est confortée par le rapport d'un autre médecin légiste, le Dr Jean Pagliuzza qui, curieusement, n'a jamais été produit au dossier jusqu'à ce jour. Le premier avocat d'Omar Raddad, Me Georges Girard, très marqué par cette grave erreur judiciaire, m'a fait l'amitié de me la transmettre. Ses conclusions sont identiques : « Absence de quantité significative de sang dans l'abdomen de Ghislaine Marchal. »

En définitive, l'absence de traînées de sang entre les deux portes conforte indubitablement l'hypothèse d'une intervention extérieure.

L'autre élément qui aurait dû faire voler en éclats l'hypothèse du « testament » réside dans les contradictions et revirements entre experts en écriture.

Rappelons en effet que les premiers experts, Gilles Giessner et Florence Buisson-Debar, avaient affirmé que Ghislaine Marchal était bien l'auteure des inscriptions. Ces expertises ont incontestablement pesé lourd dans l'esprit des jurés.

« L'ordonnance générale du texte indique que le scripteur disposait encore de forces vives au moment où il l'a tracé... comme l'indique la précision des retouches », devaient-ils préciser, pour faire tenir leurs conclusions.

Or, qui peut concevoir que la victime, atrocement blessée, pouvait encore avoir conservé quelques « forces vives » ? Laissée pour morte, elle aurait donc dû s'accroupir pour rédiger dans une totale obscurité l'inscription complète avec son sang ? Elle se serait encore volontairement occasionnée une nouvelle blessure en s'entaillant la cuisse pour utiliser comme une encre son propre sang, et aurait ensuite rampé sur une dizaine de mètres pour tracer la deuxième inscription incomplète avant de s'effondrer ? Rappelons que Ghislaine Marchal était âgée de 65 ans, qu'elle souffrait de graves problèmes de santé, qu'elle avait d'abord été frappée à plusieurs reprises à l'aide d'un lourd chevron, lui occasionnant un œdème cérébral, qu'elle avait été retrouvée avec le cuir chevelu éclaté, un poignet brisé, un doigt quasiment coupé, le foie transfixé, éventrée, poignardée à onze reprises et égorgée.

Ainsi agonisante, la victime aurait pu de surcroît écarter sa main dans l'obscurité pour ni n'effleurer ni ne faire de traînée sur les portes, et sans que les lettres se chevauchent, en prenant le soin de mettre les apostrophes, alors que les lumières étaient éteintes ?

Non ! Décidément, rien ne vient corroborer la thèse retenue par l'accusation.

Pas même les expertises en écriture, dont on connaît au demeurant leur peu de fiabilité et qui ont été démenties par les experts désignés lors du premier procès en révision.

À cet égard, l'histoire judiciaire aurait dû conduire les juges à plus de circonspection. Convoquons à titre d'exemple, la plus célèbre : l'affaire Dreyfus.

Outre la dimension politique de « l'Affaire », la machination ayant abouti à une erreur judiciaire s'est construite autour de faux documents et d'une bataille homérique d'experts en écriture, tous aussi patentés les uns que les autres.

On ne dénombre pas moins de vingt-deux expertises et de quarante experts désignés tout au long de la procédure. Celle effectuée par le renommé Alphonse

Bertillon, fondateur de l'anthropométrie moderne, pesa le plus lourd en faveur de l'accusation.

Dans cette affaire, qui menaçait la réputation de l'armée française, il était impératif de démasquer le traître, rédacteur d'un bordereau non signé, destiné à l'attaché militaire allemand en poste à l'ambassade d'Allemagne à Paris et portant mention d'un prochain envoi de documents militaires confidentiels.

Qui pouvait être ce militaire français qui transmettait des renseignements à l'ennemi ? Les soupçons s'étaient immédiatement portés sur le stagiaire Dreyfus, l'autorité militaire ayant trouvé des similitudes avec son écriture. Un premier expert désigné, Alfred Gobert, le mettait cependant hors de cause. Qu'à cela ne tienne ! Alphonse Bertillon était appelé à la rescousse. Cet expert à la réputation internationale s'empressait de conclure en sens inverse et « sans réserve aucune », précisait-il. Puis, comme pour parer d'éventuelles critiques, il prenait la précaution d'ajouter que les quelques différences constatées étaient dues à une modification volontaire de l'écriture. Trois autres experts seront ensuite désignés et concluront dans des sens opposés. De son côté, la défense du capitaine Dreyfus faisait elle-même appel à plusieurs experts internationaux venus de Belgique, d'Italie, de Suisse, d'Allemagne… qui tous mettaient hors de cause Dreyfus, qui entre-temps fut jugé, condamné et déporté au bagne de Cayenne.

Au terme d'une nouvelle enquête menée par le courageux lieutenant-colonel Picquart, le commandant Esterhazy fut confondu et le capitaine Dreyfus réhabilité. Ainsi, tous les Diafoirus de l'écriture étaient renvoyés à leurs chères études.

Ces batailles d'experts s'illustreront dans d'autres grandes affaires comme celle, en 1984, du « petit Grégory ». Tour à tour, le cousin Bernard Laroche, puis la mère Christine Villemin furent désignés comme étant les rédacteurs des fameuses lettres du « corbeau » ayant revendiqué le crime.

Quarante ans plus tard, et après moult expertises, ce crime n'a toujours pas été élucidé.

Dans l'affaire Omar Raddad, les mêmes errements se sont produits.

Ce sont finalement les experts nationaux, Mmes Ricci d'Arnoux et Bisotti, désignées par la première Commission de révision, qui infligeront aux premiers experts le coup de grâce : « Les similitudes ou dissemblances graphométriques ou de forme pouvant être mises en évidence entre ces écrits, expliquent-elles, ne pourraient en aucun cas permettre de procéder à une communauté ou à une non-communauté de scripteurs entre eux. » Et d'en déduire : « La synthèse de nos résultats nous permet de conclure qu'il n'est pas possible d'attribuer les inscriptions figurant sur les portes en question placées sous scellés n° 10 et n° 11, à leur(s) auteur(s). »

Autrement dit, on ne pouvait rien affirmer ni dans un sens ni dans l'autre. Ce qui revenait à rendre possible la thèse de la machination à l'encontre d'Omar Raddad, à laquelle d'ailleurs le simple bon sens aurait dû conduire.

Devant la Cour de révision saisie par Me Vergès, l'avocat général admettra lui-même en 2001 que cet élément nouveau était fondamental : « Les résultats des expertises ordonnées par votre commission nous paraissent commander [...] la saisine de la Cour de révision », avait-il requis, en insistant sur le fait que les premières expertises erronées avaient « pu jouer un rôle déterminant dans la formation de la conviction des jurés et de la cour ».

À son tour, la commission d'instruction suivait ces réquisitions et saisissait la Cour de révision au motif que « les experts en écriture commis par la commission considèrent qu'aucune identification de l'auteur des inscriptions n'est possible, alors que les experts désignés par le magistrat instructeur avaient formellement conclu que Mme Marchal avait tracé de sa main les deux messages ».

Cet élément, à lui seul, aurait dû suffire à ordonner la révision de la condamnation pénale, tant il remettait en cause toutes les hypothèses infondées soutenues par l'accusation lors du procès.

Une fois encore, les espoirs seront déçus.

Il serait temps d'encadrer la discipline de l'expertise en écriture, d'organiser une formation sérieuse, voire d'exiger un diplôme d'État. Or, le titre d'expert n'est toujours pas protégé. Les inscriptions sur les listes de cours d'appel relèvent encore trop souvent de recommandations ou copinages.

L'accusation a enfin fait valoir, à charge contre Omar Raddad, qu'en l'absence d'effraction de la villa de la victime, l'agresseur était forcément en possession des clés.

L'académicien Jean-Marie Rouart, fervent défenseur de l'innocence d'Omar Raddad, relate dans son livre *Omar, la construction d'un coupable*[2] comment, pour en avoir le cœur net, il était allé, intrépide, escalader lui-même le portail et ainsi démontrer que sans clé, on pouvait pénétrer dans la propriété de Ghislaine Marchal…

2. Publié aux éditions de Fallois, 2011.

Le mystère de la « chambre jaune »

Selon la version retenue par l'accusation, Ghislaine Marchal aurait donc trouvé la force de soulever un lit de camp de douze kilos pour le plaquer contre la porte de la cave afin de se protéger d'un éventuel retour de son agresseur.

Elle aurait donc fait le choix de se barricader dans le sous-sol, déjà agonisante, plutôt que de prendre la fuite et de chercher du secours.

Ce scénario comporte à l'évidence de nombreuses invraisemblances et ne colle pas non plus avec les constatations effectuées sur la scène de crime.

Comment par exemple expliquer que la porte ait été verrouillée de l'extérieur, obligeant les gendarmes à chercher la clef à l'intérieur de la villa ? Et pourquoi Ghislaine Marchal aurait-elle éteint la lumière du couloir pour se retrouver dans l'obscurité ?

Pourquoi se serait-elle finalement allongée dans la chaufferie, le bas du corps dénudé, la tête face au sol, les deux mains également posées à plat sur le sol et réunies au-dessus de sa tête ?

Comme l'a très justement souligné la sœur de Ghislaine Marchal au cours d'une interview télévisée (à propos de la faute d'orthographe relevée sur l'une des inscriptions en lettre de sang), « il ne faut pas demander l'impossible à une morte ».

Si le système de blocage avait été mis en place par Ghislaine Marchal, cela supposerait qu'elle ait déplacé un lit de camp métallique, et scrupuleusement réfléchi à la meilleure façon de positionner la barre de fer et le chevron pour empêcher toute ouverture de la porte.

Même en retenant l'hypothèse totalement absurde selon laquelle les coups et blessures subis par Ghislaine Marchal lui auraient encore permis d'avoir quelques réflexes, il est bien évident que la panique l'aurait empêchée de réfléchir à un tel stratagème.

Au contraire, son instinct de survie l'aurait sans aucun doute conduite à sortir du sous-sol pour tenter de trouver de l'aide. Comment imaginer qu'une personne mourante préfère s'enfermer et empêcher toute possibilité d'être secourue plutôt que de rechercher de l'aide ? Ghislaine Marchal aimait la vie et son réflexe aurait forcément été de se sauver.

À l'évidence, le blocage de la porte a fait l'objet d'une préparation bien calculée, d'une mise en scène machiavélique. En effet, l'hypothèse d'un crime commis à plusieurs n'est pas à exclure. Elle est d'autant plus vraisemblable que les empreintes retrouvées sur les lieux du crime étaient multiples.

Les gendarmes Liedtke et Teulière ont été les premiers à pénétrer dans la cave. Leur version est bien différente de celle donnée plus tard pour accréditer la thèse soutenue par l'accusation et la partie civile.

Le gendarme Liedtke relate :

> « Teulière introduit la clé dans la serrure et donne un tour de clé. La porte est toujours verrouillée. Il donne un second tour de clé. Il tourne la poignée et la porte s'entrouvre légèrement. En fait, je peux juste glisser un doigt dans l'entrebâillement. Nous sentons une résistance derrière la porte en poussant légèrement avec la main. Maintenant une pression plus forte, nous constatons que la porte est bloquée de l'intérieur. Nous poussons tous les deux avec nos épaules. La pression que nous exerçons sur la porte est très forte et je constate que le blocage intérieur est situé plutôt en partie inférieure de la porte. Tout en poussant, je parviens à glisser difficilement mon avant-bras droit juste sous la poignée [...]. Je descends mon avant-bras et je sens de la mousse recouverte de tissu, puis une barre métallique. Je fais la réflexion à Teulière qu'il doit s'agir d'un lit de camp. J'ai dû m'y prendre à trois reprises pour lever le lit qui était couché sur le sol. Le fait de le relever a permis d'ouvrir un peu plus la porte.

> C'est à cet instant que nous voyons l'interrupteur électrique et le mur ensanglantés. Nous sentons encore une résistance en bas de la porte par quelque chose qui est placé sur le sol. Teulière maintient la pression et je réussis à me glisser difficilement à l'intérieur. Mon corps n'est pas totalement introduit que j'aperçois une barre cylindrique qui bloque la porte au sol. Teulière maintenant toujours la pression, je donne plusieurs coups de pied dans le tube. La porte s'ouvre de plus en plus, mais le tube offre toujours une résistance. Ce tube est placé perpendiculairement à la porte, au tiers de la porte vers la charnière. L'ultime coup de pied dégage le tube métallique. Je pénètre dans la cave. [...] Je remarque un corps allongé dans le local chaufferie. [...] Je ne bouge plus de l'endroit où je suis, à savoir à deux ou trois mètres à l'intérieur de la cave. »

Son collègue Teulière confirmera que « Liedtke, tout en s'introduisant, du pied arrive à dégager le dernier obstacle bloquant la porte, constitué d'une barre de fer placée sous la porte ».

Dans ce récit, il n'est à aucun moment question d'un chevron, les gendarmes mentionnant uniquement le lit de camp couché. Dès lors, l'assassin aurait parfaitement pu placer en équilibre le lit contre la porte avant de la refermer et de la verrouiller, pour en rendre plus difficile l'accès et accréditer l'idée que seule la victime avait pu se barricader après avoir désigné son agresseur.

Déjà, lors de sa première audition, le gendarme Liedtke avait indiqué : « Je n'ai pas souvenir d'un bois à section carré qui pouvait se trouver devant la porte. »

Puis à l'audience, Messieurs Teulière et Liedtke confirmeront ce qu'ils avaient déjà dit lors de l'instruction : ils n'ont ni vu ni déplacé de chevron à ce moment-là.

Le 18 février 1992, lors d'un transport sur les lieux, le juge n'en prétendra pas moins que la barre de fer a été posée en appui sur le chevron par Ghislaine Marchal, qu'elle seule pouvait le faire de l'intérieur… Or, lors de cette reconstitution, aucune constatation objective n'a permis d'accréditer cette thèse.

Si la porte avait été bloquée intentionnellement par Ghislaine Marchal mourante, avec la barre de fer posée sur le chevron, la chute du lit n'aurait pas permis l'entrebâillement de la porte.

Les gendarmes Teulière et Liedtke n'ont jamais vu la barre en appui sur le chevron. Cette théorie n'est qu'une simple supputation de l'accusation.

L'ancien avocat d'Omar Raddad a très justement démontré dans sa requête en 1999 qu'il était possible, pour une personne, de quitter la cave en mettant en place le système de blocage de la porte. Le tube placé sur le lit a pu, après être tombé au sol, bloquer à son tour la porte. En définitive, la Cour de révision en 2002 devait également juger ces arguments inefficaces pour remettre en cause la condamnation.

L'alibi ignoré

Quand le crime a-t-il été commis, le 23 ou le 24 juin ? Cette question est également cruciale. De sa réponse dépend la force de l'alibi fourni par Omar Raddad.

En effet, si l'on retient la date du 23 juin 1991, Omar Raddad travaillait bien ce jour-là chez Mme Pascal, voisine de Ghislaine Marchal. Il aurait donc eu le temps matériel de perpétrer le crime, selon l'accusation. Omar Raddad a pourtant détaillé ses déplacements dans cette tranche horaire précise. Très dubitatifs, les enquêteurs, persuadés de tenir le coupable, n'ont manifestement pas mis tout le zèle nécessaire pour vérifier ses dires. Ainsi, lorsqu'Omar Raddad explique que le 23 juin, au moment de la pause déjeuner, il s'était rendu dans une boulangerie en rentrant chez lui, les enquêteurs se sont focalisés sur une autre boulangerie que celle indiquée par Omar Raddad et dans laquelle il avait ses habitudes, comme le confirmeront le propriétaire et la vendeuse.

Par ailleurs, Omar Raddad déclarait avoir à ce moment de la pause déjeuner téléphoné à sa femme depuis une cabine publique. Les vérifications auprès de France Télécom confirmeront cette fois ses dires.

Si on retient cette fois la date du 24, Omar Raddad justifie sans le moindre doute s'être trouvé ce jour-là dans sa belle-famille à Toulon. Il ne pouvait donc au même moment avoir commis un crime à Mougins.

Or, sur la datation du décès, aussi incroyable que cela puisse paraître, l'incertitude n'a jamais pu être levée. À moins que le désir de coller à tout prix à un scénario préétabli ait consciemment ou non aveuglé les experts !

Pourquoi en effet ont-ils attendu que le juge d'instruction leur ait fait remarquer que la date première du 24 juin mentionnée sur leur rapport ne correspondait pas à celle retenue par les enquêteurs, c'est-à-dire le 23 juin ?

Tout à coup, branle-bas de combat !

Nos experts, prétextant une simple faute de frappe, modifiaient la datation initialement retenue, pour s'en tenir désormais au 23 juin (jour, rappelons-le, où l'alibi d'Omar Raddad est le moins vérifiable…).

« Impossible », rétorquait un second médecin expert, le Dr Lepoivre, venu témoigner à la barre. La simple erreur matérielle ne tient pas la route, puisque le décès avait eu lieu plus de 6 heures avant la découverte du corps, soit impérativement le 24 juin 1991, précisait-il sous la foi du serment.

Cette modification de date apparaissait d'autant plus suspecte, que le juge Renard s'était empressé d'autoriser la famille à procéder à l'incinération et à l'inhumation du corps de Ghislaine Marchal, contrairement aux règles en usage en matière criminelle. Dès lors, tout complément d'autopsie devenait impossible. Un procès-verbal aux fins d'inhumer avait été établi une heure seulement après la réalisation de la première autopsie. Dès le lendemain, et avant même que le rapport d'autopsie n'ait été rédigé, le corps de la victime avait été incinéré. Il s'agit d'un fait troublant, puisque Ghislaine Marchal n'avait jamais émis la volonté d'être incinérée. Elle avait même fait l'acquisition d'un caveau familial.

Devant la première Cour de révision saisie par Me Vergès en 2001, l'avocat général relevait très justement que « les nouveaux experts ne répondaient pas à la question qui leur était pourtant expressément posée par la commission : “Est-il possible de déduire l'heure de l'agrcssion ?” »

Le haut magistrat avait bien réalisé le caractère crucial de la datation de la mort de Ghislaine Marchal. C'est pourquoi il avait sollicité que les experts achèvent entièrement leur mission, ou que la Cour de révision ordonne une nouvelle expertise. Hélas ! à la consternation générale, la Cour de révision ne devait pas faire droit aux réquisitions, en estimant que ce point ne constituait pas un élément nouveau pouvant faire naître un doute sur la culpabilité.

Ainsi, la cour refermait le dossier, que M. le procureur de Nice, Éric Bedos, consentira à rouvrir en 2015 en ordonnant une nouvelle expertise scientifique qui a révélé l'existence de quatre ADN retrouvés sur la scène de crime et non plus deux, d'autant plus que l'un d'eux se retrouvait à trente-cinq reprises sur l'écriture en lettres de sang et mélangé au sang de la victime, ce qui ne laisse plus de place au fait du hasard ou de la pollution.

Sans mobile apparent

Pourquoi Omar Raddad aurait-il tué son employeur, source d'une importante partie de ses revenus ? Pour un vol qui aurait mal tourné, a soutenu l'accusation !

Pour étayer cette pure hypothèse, on a prétendu qu'Omar Raddad avait des besoins financiers, car il aurait fréquenté des prostituées et était un habitué des casinos, ce qu'il a aussi toujours contesté.

Une prostituée a été interrogée par les gendarmes, hors présence d'un avocat. Elle déclarait dans un premier temps formellement reconnaître Omar Raddad comme son client, puis elle s'était rétractée en expliquant ne plus être en mesure de l'identifier de manière certaine.

Ajoutons encore qu'aucune empreinte digitale lui appartenant n'a été relevée sur le sac à main de la victime, retrouvé vide.

D'une manière générale, toutes les vérifications effectuées ont montré qu'Omar Raddad n'avait pas en réalité de soucis financiers particuliers. S'il arrivait à son employeur de lui consentir bon gré mal gré des avances en cas de difficultés de fin de mois, cela ne pouvait ni justifier, ni expliquer une telle violence criminelle.

Omar Raddad entretenait d'excellentes relations avec Ghislaine Marchal.

En définitive, l'enquête n'a pas permis de trouver le moindre mobile qui aurait pu expliquer un tel crime. Les psychiatres et le psychologue qui ont examiné Omar Raddad n'ont trouvé chez lui aucun vice ni aucun travers susceptible de commettre un crime aussi atroce. Bien au contraire, celui-ci a une personnalité douce et pacifique.

Les pistes négligées

À l'appui de sa requête en révision en 2001, Me Vergès avait apporté un certain nombre de témoignages nouveaux. On ne peut s'étonner à cet égard qu'ils n'aient pas été recueillis au stade de l'instruction. Ce dernier avait en effet retrouvé la femme de ménage de Ghislaine Marchal, une certaine Liliane Receveau, sa fille Nadège Piscou et son concubin Éric Bohme, ainsi que son fils Sylvio Mancuso, tous dignes d'intérêt pour l'enquête.

Il en résultait qu'un grand nombre de points n'avaient pas été éclaircis au cours de l'instruction, notamment leurs emplois du temps respectifs.

Ainsi, Liliane Receveau prétend avoir reçu de Ghislaine Marchal un congé exceptionnel, précisément les 23 et 24 juin. Or, au cours de l'instruction, aucune vérification n'avait été faite sur ce soi-disant congé.

De même, elle contestait avoir été la maîtresse de Pierre Auribault, dit « Pierrot le Fou », lequel au demeurant a été totalement ignoré des enquêteurs. Un oubli d'autant plus regrettable que ce dernier s'est confié en ces termes à l'enquêteur missionné par Me Verges, Roger-Marc Moreau : « Il est vrai que je suis violent. J'ai déjà assommé des multitudes de personnes et défoncé des portes avec une barre de fer. D'ailleurs, on m'appelle "Pierrot le Fou" et je suis un fou et furieux. J'ai aussi commis un meurtre à Paris. J'avais commencé par frapper le type dans un bar, j'ai continué dans la rue, et pour finir je l'ai étranglé peinard dans ma cuisine. »

Pierre Auribault sera condamné pour ce crime.

Cette dangerosité sera confirmée par un certain Hamid Torche qui a témoigné en ces termes : « Il était de notoriété publique que Pierrot [Pierre Auribault] est un repris de justice. Nous savions, car il s'en vantait souvent, qu'il avait déjà commis un meurtre. De plus, il faisait de fréquents séjours en prison pour violence ou pour des cambriolages. Liliane Receveau semblait être fière des antécédents judiciaires de son amant. Il lui est arrivé de dire : "Mon Pierrot est capable de tuer à nouveau." » Comment expliquer que toutes ces pistes n'aient jamais fait l'objet de la moindre investigation ?

L'enquêteur privé a pu rencontrer également un certain El-Ouaer qui lui déclarait : « La personne dont vous me présentez la photographie semble bien être la femme que je vous ai décrite et qui se trouvait dans la propriété “La Chamade” le lundi 24 juin 1991. Je pense être en mesure de l'identifier formellement si nous sommes confrontés.

C'était une personne âgée d'environ 35-40 ans, elle avait des cheveux de couleur jaune, un peu gris. Aux alentours de 9 h 15, elle nous a demandé l'heure, en s'adressant plus particulièrement à mon collègue Fabrice. Plus tard, vers 11 h 15, j'ai entendu sonner au portail de “La Chamade”. Une femme a demandé de l'intérieur de la propriété, à deux ou trois reprises : “Qui est là ?” »

Hélas ! aucune confrontation n'a jamais eu lieu avec El-Ouaer au cours de l'instruction et pour cause : les enquêteurs lui avaient enjoint de quitter la France dans un délai d'un mois, sous peine de poursuites.

Tardivement, la première commission de révision procédait à l'audition de tous ces protagonistes, sans résultat, compte tenu du temps écoulé…

CHAPITRE V

L'Assemblée nationale mobilisée

Georges Fenech

« Les lois ne doivent point être subtiles, elles sont faites pour des gens de médiocre entendement. »
MONTESQUIEU, *De l'esprit des lois.*

En 2002, ambitionnant d'améliorer le fonctionnement de la justice, je décidai de troquer ma robe rouge de magistrat pour une écharpe tricolore en me présentant aux élections législatives dans le Rhône, mon département.

Sous l'étiquette UMP, j'affrontai un député de gauche solidement ancré à Givors, l'un des derniers bastions communistes, qui résistait depuis soixante ans.

Cette ville m'avait vu grandir depuis le rapatriement de ma famille de Tunisie, mon pays natal. Je garde le souvenir d'une période heureuse dans une famille modeste et aimante.

À la surprise générale, après une rude campagne, je fus élu d'une courte tête. Le mandat de député allait enfin me permettre de changer la Justice, pensais-je.

Mais, à peine chapitré et badgé, je me résolus à une réalité politique implacable : la quasi-totalité des lois procédait de l'exécutif, notamment par le biais de la maîtrise de l'ordre du jour, l'initiative parlementaire n'étant dans la réalité qu'un leurre.

Seule concession, chaque groupe politique de l'Assemblée nationale disposait d'une « niche parlementaire » par session. Le terme de « niche », soit dit en passant, en dit long sur l'importance que l'exécutif accorde au pouvoir législatif.

En mars 2007, lorsque je dépose enfin ma proposition de loi, je mesure d'emblée ma très faible marge de manœuvre. Peu importe, le combat pour la justice en valait la chandelle. Je devais le mener pour Omar Raddad, Denis Seznec et pour tant d'autres personnes condamnées injustement. Seul réconfort à partir d'octobre 2013, je savais pouvoir compter sur ma « complice » désormais, Sylvie Noachovitch.

Mais d'abord, il me fallait convaincre ma propre famille politique. Ce n'était pas gagné. La droite, à laquelle j'appartenais, avait comme priorité de renforcer les lois répressives contre la délinquance, plutôt que de donner le sentiment d'affaiblir la justice, en rappelant qu'elle pouvait être faillible.

Qu'à cela ne tienne ! Il m'appartenait de démontrer que, loin d'affaiblir la justice, ce serait au contraire une marque d'ennoblissement qu'elle puisse, dans certaines circonstances exceptionnelles, admettre qu'elle avait pu faire fausse route.

Il me fallait donc trouver le chemin étroit pour concilier des principes d'égale valeur, celui de l'« autorité de la chose jugée » avec celui de la « vérité judiciaire ».

La question certes n'était pas nouvelle.

La première procédure de révision remonte à l'ordonnance criminelle du 26 août 1670, qui permettait déjà d'obtenir du Conseil du roi des « lettres de révision ». Avec le Code d'instruction criminelle de 1808[1], le recours était devenu possible dans des hypothèses très limitées : l'inexistence du crime, la découverte d'une nouvelle condamnation inconciliable ou la condamnation pour faux témoignage.

C'est par la loi du 8 juin 1895 qu'on introduisit la possibilité d'une révision en cas de découverte d'un fait nouveau « de nature à établir l'innocence du condamné ».

Enfin, dernière grande loi en date, inspirée par Robert Badinter, celle du 23 juin 1989 qui n'exigeait

1. Ancêtre du Code de procédure pénale (N.D.E.).

plus que l'élément nouveau établisse l'« innocence » du condamné, mais, plus simplement, qu'il fasse naître un « doute sur sa culpabilité ». Cette avancée majeure fut baptisée « loi Seznec », en réaction à un énième rejet d'une requête en révision présentée par les descendants du célèbre bagnard, condamné sans preuve définitive, pour le meurtre du conseiller général Pierre Quémeneur, dont on n'avait jamais retrouvé le corps.

Entre 1926 et 2000, Guillaume Seznec et sa famille avaient présenté pas moins de treize demandes de révision au garde des Sceaux qui furent toutes rejetées, avant qu'en 2001, Marylise Lebranchu, alors ministre de la Justice, n'accepte pour la première fois de saisir la commission de révision. Sans doute, l'ancienne maire de Morlaix avait-elle été plus sensible au terrible destin de ce Breton. La requête ministérielle se fondait sur la base d'éléments nouveaux, selon lesquels Guillaume Seznec avait été victime d'une véritable machination policière orchestrée par l'inspecteur Bonny, lequel sera fusillé à la Libération pour faits de collaboration.

On pouvait espérer qu'en présence de ces éléments nouveaux et l'entrée en vigueur de la loi à laquelle son nom serait à jamais associé, on déchargerait enfin sa mémoire, selon la formule consacrée. Hélas, la Chambre criminelle s'arc-bouta toujours sur la nécessité de rapporter la preuve de l'« innocence » et non d'un simple « doute ».

Le 14 décembre 2006, j'étais présent à la première chambre solennelle de la Cour de cassation, lorsque le président de la Cour de révision, Bruno Cotte, après une lecture interminable, rendit publique la décision de rejet. Ce fut un coup de poignard pour le petit-fils, Denis Seznec, et tous ceux qui l'avaient accompagné en marque de soutien pour son long combat familial.

Les espoirs étaient bien réels pourtant.

L'avocat général, Jean-Yves Launay, avait en effet, lors de la première audience, clairement affiché ses doutes : « Ce qui me semble aujourd'hui incontestable, avait-il clamé, c'est qu'il est pour le moins difficile d'affirmer que Seznec est coupable des faits pour lesquels il a été condamné. Il convient, avait-il requis, de le faire bénéficier du doute et de décharger sa mémoire de la culpabilité. »

Aucun de ses arguments, ni ceux développés par Yves Baudelot et Jean-Denis Bredin, défenseurs de la famille Seznec, n'avaient été suffisamment convaincants aux yeux de la Cour de révision.

Dans la majestueuse salle des pas perdus du Palais de justice historique, dès la décision connue, les binious bretons avaient longuement retenti en soutien à l'un des leurs.

J'encourageais discrètement Denis Seznec, dont le regard semblait perdu après tant d'années de combat, à ne pas renoncer.

Personnellement, cette décision ne m'avait pas vraiment surpris. Un examen approfondi des arrêts de rejet fait clairement apparaître que, contrairement à l'esprit de la loi Seznec, les juges demeuraient toujours réfractaires à l'idée de se remettre en cause, au motif inavoué de ne pas fissurer le sacro-saint principe de l'autorité de la chose jugée.

Ainsi, entre 1989 et 2014, seules neuf condamnations criminelles avaient été annulées. Un très faible nombre qui, de toute évidence, était loin de correspondre à une réalité.

C'est dans cet état d'esprit donc que je déposai, le 13 mars 2007, une proposition de loi visant de nouveau « à accroître l'efficacité de la procédure de révision des condamnations pénales ».

Dans une lettre adressée à mes collègues de la majorité, j'expliquai le sens de ma démarche :

> « Depuis de nombreux mois, la justice peine à sortir d'une crise majeure qui n'a fait que renforcer la traditionnelle méfiance des Français à l'égard de cette institution. Pour retrouver la confiance de nos concitoyens, la justice doit notamment pouvoir démontrer

> qu'elle est en mesure de se remettre en cause, de rectifier ses erreurs et, autant que faire se peut, d'en réparer les conséquences. » J'ajoutai : « À cet égard, la procédure de révision des condamnations pénales constitue une garantie essentielle contre les erreurs judiciaires. Certes, la paix sociale et le respect dû aux décisions des cours et tribunaux imposent que cette voie de réformation soit strictement encadrée. Mais, dans le même temps, l'idée qu'un innocent continue à subir les effets d'une condamnation heurte notre conscience et, par le sentiment d'injustice qu'elle répand, trouble violemment l'ordre public. »

Je conclus par la nécessité de définir de façon plus explicite le doute que doit créer le fait nouveau ou l'élément inconnu :

> « Si ce doute existe, fût-il léger, il devra conduire la Cour de révision à décider d'un nouveau procès ou, si celui-ci est impossible (pour cause de décès du condamné), à annuler la condamnation sans renvoi. »

J'avançai enfin un dernier argument :

> « Nous le savons bien, c'est parce qu'un jury populaire peut également se tromper que le législateur a introduit en 2001 la possibilité d'interjeter appel de ses décisions. »

C'est bien d'ailleurs à la suite de la condamnation d'Omar Raddad, sans aucune preuve sérieuse, que ce recours a été introduit dans notre droit.

Une première étude, portant sur les années 2003 à 2005, a déjà révélé que sur 1 262 condamnés en première instance et rejugés en appel, les cours d'assises d'appel avaient fini par prononcer un acquittement dans 64 cas. Autant d'erreurs évitées !

À ma grande satisfaction, ma proposition de réforme fut cosignée par quarante-quatre députés de mon groupe politique.

Mais ce ne devait être, malgré tout, qu'une victoire sans lendemain.

La fin de la législature approchait, et l'ordre du jour surchargé de l'Assemblée nationale ne permettait plus son examen, même dans le cadre d'une « niche » parlementaire. La réforme que nous avions tant espérée finit par être remisée aux archives du Palais-Bourbon, en attendant des jours meilleurs.

Je quittai l'Assemblée nationale en 2007 avec amertume, mais intimement convaincu qu'un jour nous reprendrions le flambeau, dès que l'occasion nous en serait donnée. Cette opportunité devait se représenter avec ma réélection comme député en 2012.

Je retrouvais avec bonheur la Commission des lois, l'espoir intact, même si cette fois je siégeais dans l'opposition. Un nouveau coup de pouce du destin allait redonner vie à nos espérances.

Un matin, alors que les députés regagnaient leurs places dans la salle de la Commission des lois, un collègue de la majorité, Alain Tourret, député du Calvados (radical de gauche) m'interpella cordialement :

– Monsieur le juge, m'appela-t-il pour la circonstance, j'ai lu ta proposition de loi de 2007 sur la révision criminelle et je partage entièrement ton point de vue.

Ce soutien inattendu, d'un avocat de formation de surcroît, me fit chaud au cœur.

– Accepterais-tu que nous fassions équipe pour relancer ta réforme ? me demanda-t-il à ma grande surprise.

Il n'est pas d'usage en effet que deux députés de bords politiques différents s'associent au-delà des clivages pour mener ensemble une réforme législative, qui plus est d'une telle ampleur.

Je fus immédiatement séduit par cette proposition, convaincu que la justice ne pouvait se réduire à un camp et qu'elle devait parler à tous, d'une voix consensuelle.

De fait, notre tandem iconoclaste fit immédiatement mouche auprès du président socialiste de la Commission des lois, Jean-Jacques Urvoas, lequel, le 24 juillet 2013, nous confiait une mission d'information exploratoire sur « la révision des condamnations pénales ».

Nouvelle victoire !

Avec enthousiasme et dans une parfaite harmonie, nous auditionnerons au total quarante-neuf personnes, parmi lesquelles quatre anciens gardes des Sceaux[2], les plus hauts magistrats et avocats pénalistes, des chercheurs, juristes et sociologues, des condamnés et associations de victimes, la Commission nationale consultative des Droits de l'homme, la Ligue des Droits de l'homme, la police technique et scientifique…

En outre, pour donner chair à nos travaux, nous recevrons des victimes d'erreurs judiciaires, à l'instar de Roland Agret.

Pour obtenir son procès en révision, ce dernier n'avait pas hésité à se trancher deux doigts pour les porter lui-même au ministère de la Justice. Depuis son

2. Robert Badinter, Michèle Alliot-Marie, Pascal Clément, Marylise Lebranchu.

acquittement, il avait consacré sa vie à la lutte contre l'erreur judiciaire en créant l'association « Action justice ».

> « L'erreur judiciaire n'est pas un fantasme mais un drame bien réel, nous déclara-t-il. Je sais de quoi je parle. Je l'ai subie d'une cour d'assises au recours en révision en passant par une grâce présidentielle pour raison médicale. Chaîne aux trémies que j'ai ressenties comme inhumaines, tant elles ont drainé de la misère, de la douleur et de l'horreur, jusqu'au sein de ma famille. Avec mon épouse Marie-Jo et de nombreux amis, il nous a fallu mener un combat de quinze années aux limites de l'imaginable et d'autant de sacrifices, pour que la justice reconnaisse enfin qu'il fait jour le jour et nuit la nuit.
>
> Si j'en garde des plaies inguérissables, conclut-il, je suis tout de même indemne de toute haine, seule une certaine rage m'habite. Elle cible tout ce qui est inique, à plus forte raison lorsque l'injustice est commise au nom de la justice. »

Après ce témoignage poignant, nous observâmes une pause avant d'accueillir celle qui inspira en grande partie toute notre démarche : Me Sylvie Noachovitch, l'avocate d'Omar Raddad ! Personnellement, je vécus ce moment particulier non sans une certaine émotion.

D'une voix assurée, nous fixant de son regard bleu acier, Sylvie Noachovitch se lança dans une critique sans concession de la cour de révision sous sa forme actuelle :

> « La loi du 23 juin 1989 qui a créé la commission de révision a été à mon sens déviée de son objectif [...]. Il n'y eut que huit procès révisés[3] depuis 1945 en raison de l'application restrictive de cette loi par la commission de révision des condamnations pénales près la Cour de cassation et la Cour de révision. »

Le ton était donné.

> « Contrairement à la volonté du législateur, cette révision est appréciée de manière restrictive, jugea-t-elle sévèrement. En réalité, pour obtenir une révision, nous devons encore aujourd'hui apporter la preuve de la certitude de l'innocence du condamné. Les affaires Seznec et Omar Raddad sont la révélation du

3. Nous sommes en 2012 (N.D.E.).

problème. Or, bien que ces deux affaires aient été renvoyées par la commission de révision en Cour de révision, elles ont fait l'objet d'un rejet. Un simple doute doit pourtant justifier de la révision du procès », asséna-t-elle.

Puis elle avança une proposition à laquelle, elle le savait, nous étions tout acquis :

> « Le condamné et son avocat doivent pouvoir à tout moment demander au procureur général de procéder à toutes analyses ADN ou expertises destinées à la manifestation de la vérité suite à une condamnation devenue définitive. »

Elle expliqua :

> « Aujourd'hui, le procureur peut se saisir d'office, mais on ne peut rien lui imposer. Il est libre d'apprécier l'opportunité de la demande qui lui est faite [...]. Sans cette possibilité de demandes d'actes préalables, un condamné ne peut faire reconnaître son innocence par une expertise ADN, car il n'existe aucun cadre juridique lui permettant

de le faire. Il est soumis simplement à l'accord de M. le procureur général. »

Elle se plaignit également de ce double degré de juridictions inutiles constituées par la commission de révision puis la Cour de révision, rendant incompréhensibles des décisions opposées.

Cette innovation, comme nous le verrons, permettra à Sylvie Noachovitch d'obtenir de nouvelles expertises ADN, réclamées depuis 2008 au nom de son client Omar Raddad !

En quoi cette avancée fut-elle déterminante ? Rappelons que pour obtenir une révision, il est nécessaire d'apporter un fait nouveau à l'appui de la requête. Or, chacun comprend bien que les condamnés, notamment lorsqu'ils sont détenus, disposent de ressources insuffisantes pour bénéficier des services d'avocats ou d'enquêteurs privés et mener à bien des investigations susceptibles de faire apparaître un élément nouveau.

De fait, clamer son innocence ne suffit pas à ce qu'une demande soit examinée par la commission de révision.

Ajoutons que même lorsque le condamné dispose d'un avocat, ce dernier ne saurait, sans enfreindre une règle déontologique fondamentale, conduire de lui-même une enquête approfondie. Or, il arrive que l'avocat acquière la connaissance d'un élément nouveau, comme un témoignage innocentant son client, sans pouvoir lui-même interroger le témoin et sans que ce témoignage, dont il ignore s'il est réellement solide, puisse, en l'état, être soumis à la commission de révision. De fait, il existe une méfiance légitime, en France, face aux enquêtes privées. Entendre soi-même un témoin est rapidement associé à une tentative de subornation et lui fait perdre toute validité.

Ainsi, sauf à attendre que le fait nouveau tombe du ciel, le condamné est rarement en mesure de le faire émerger par lui-même. C'est pourquoi il fallait permettre au condamné de demander au procureur de la République la réalisation d'investigations complémentaires qui n'auraient pas été effectuées lors de la première enquête ou qui, du fait des évolutions scientifiques, seraient susceptibles de donner des résultats inédits ou différents, comme, nous le verrons plus tard, ce sera le cas dans notre affaire.

Voilà comment est né le nouvel article 626 du Code de procédure pénale qui relancera de manière décisive la révision :

> « Art. 626. La personne reconnue coupable d'un crime ou d'un délit par une décision pénale définitive ou, en cas d'incapacité, son représentant légal, ou en cas de décès

> ou d'absence déclarée, les personnes mentionnées au 4ter de l'article 622-2 qui envisagent de saisir la Cour de révision et de réexamen d'une demande en révision peuvent saisir le procureur de la République d'une demande écrite et motivée tendant à ce qu'il soit procédé à tous actes qui leur paraissent nécessaires à la production d'un fait nouveau ou à la révélation d'un élément inconnu au jour du procès. La demande doit porter sur des actes déterminés et, lorsqu'elle concerne une audition, préciser l'identité de la personne dont l'audition est souhaitée.
> Le procureur statue sur la demande, par une décision motivée, dans un délai de deux mois à compter de la réception de la demande. En cas de refus, le demandeur peut former un recours auprès du procureur général, qui se prononce dans un délai d'un mois. »

Avec Alain Tourret, nous nous sommes ensuite interrogés sur la nécessité de revoir la composition de la Cour de révision dans sa forme actuelle.

La présence exclusive de magistrats pénalistes issus de la seule chambre criminelle ne créait-elle pas un phénomène d'entre-soi ? La grande majorité de ces hauts magistrats avaient en effet eux-mêmes occupé, au début de leur carrière, des fonctions de juge d'instruction, président de chambre d'instruction ou cour d'assises. Il leur était dès lors sans doute difficile, pensions-nous, de désavouer leurs collègues pénalistes. D'où l'idée de créer une nouvelle cour composée de dix-huit magistrats, à raison de trois venus de chacune des six chambres de la Cour de cassation (les trois chambres civiles, la chambre commerciale, financière et économique, la chambre sociale et la chambre criminelle). Ainsi, on élargirait le spectre des regards et des sensibilités et on renforcerait l'objectivité et l'impartialité de la Cour de révision.

Une fois élus par leurs pairs, ces dix-huit magistrats désigneraient en leur sein, cinq magistrats qui composeraient la commission d'instruction.

Cette nouveauté capitale fut adoptée à l'unanimité. Nos travaux en commission des lois maintenant achevés, l'heure était à la séance publique, au sein de l'Hémicycle, devant toute la représentation nationale et le gouvernement.

Le 27 février 2014, le co-rapporteur Alain Tourret monta le premier à la tribune de l'Assemblée nationale :

> « Mme la présidente, Mme la garde des Sceaux, mes chers collègues, c'est une loi d'humanité que nous allons voter, déclara-t-il avec une

pointe d'émotion. J'ai à l'esprit ceux qui sont en prison à tort, qui ont été victimes d'une erreur judiciaire, qui ont souffert dans leur chair, qui ont été injustement privés de liberté. Je sais, Mme la ministre, qu'il ne peut y avoir d'État de droit sans autorité de la chose jugée. Mais lorsqu'un innocent est en prison, c'est l'humanité qui souffre, c'est le corps social dans son ensemble qui est atteint. Depuis toujours, avec Marc-Aurèle, Goethe ou Zola, les consciences de l'humanité nous rappellent qu'il faut choisir entre une injustice et un désordre.

Des combats acharnés ont été menés avant nous pour réhabiliter, ici Calas avec Voltaire, là Dreyfus avec Zola. Le législateur s'est ému de ces situations, et depuis la Révolution, même depuis Louis XIV, six lois ont été votées, les dernières le 23 juin 1989 et le 15 juin 2000. Mais le législateur, Mme la garde des Sceaux, se heurte au mythe de l'infaillibilité de la justice. Nul n'est infaillible, nulle institution n'est infaillible, et l'infaillibilité ne peut tenir lieu de justice, bien évidemment. Pourtant, la justice elle-même se grandit en reconnaissant ses erreurs », conclut Alain Tourret, sous les applaudissements venant de tous les bancs, sans distinction d'appartenance politique.

Lorsqu'il me revient de m'exprimer depuis la tribune, et avant de prononcer mes premiers mots, je jette un regard discret tout en haut de l'Hémicycle, dans les balcons réservés au public. Aux côtés de Sylvie Noachovitch, j'aperçois Denis Seznec, infatigable défenseur de la mémoire de son grand-père transporté sur l'île du Diable, en Guyane.

Les mains solidement appuyées sur la tribune, je me dois de convaincre :

> « L'erreur judiciaire entame gravement la confiance de nos concitoyens dans leur système judiciaire, et cela de manière durable, à travers les générations, quelquefois les siècles. Qui ne se souvient de l'affaire Calas, de l'affaire Lesurques, de l'affaire Dreyfus et de l'affaire Seznec ? commençai-je. À la fameuse formule de Goethe, "je préfère une injustice à un désordre", je réponds qu'une injustice ne peut jamais à terme favoriser l'ordre et la paix sociale, et qu'au bout du compte, une injustice sera toujours cause de défiance et de désordre [...].

> Qui pourrait croire que la justice, cette science humaine, est infaillible ? Un jury, même populaire, peut se tromper. Quand la justice reconnaît son erreur, elle participe de l'ennoblissement de sa mission, elle rétablit le pacte de confiance. "Aime la vérité, mais pardonne à l'erreur", disait Voltaire.
> La justice du XXIe siècle n'est plus sacralisée : elle motive ses décisions, elle rend des comptes, elle assume sa responsabilité et ses éventuelles erreurs. »

Puis m'adressant plus directement à Christiane Taubira, ministre de la Justice, à laquelle habituellement je me confronte sur la politique pénale :

> « Je tiens à vous remercier tout particulièrement, Mme la garde des Sceaux, pour nous avoir apporté l'aide précieuse de vos collaborateurs ainsi que celle de la direction des Affaires criminelles et des Grâces, et nous avoir vous-même confortés dans notre démarche lors de votre audition dans le cadre de la mission d'information.
> Je voudrais aussi saluer, si vous le permettez, la présence dans le public de représentants

> d'associations, notamment "France Justice" et son président Denis Seznec.
> Nous voilà donc rassemblés aujourd'hui, au-delà des sensibilités politiques, pour faire œuvre commune de justice : une justice, mes chers collègues, qui s'honorera de reconnaître plus aisément ses éventuelles erreurs et d'en réparer autant que possible les conséquences. »

Tout acquise à la réforme, Christiane Taubira monta à son tour à la tribune :

> « Ayant suivi avec beaucoup d'attention l'évolution de vos travaux et leur aboutissement, j'ai très tôt donné consigne à la Chancellerie de se tenir à vos côtés pour vous apporter tout l'appui technique et juridique nécessaire pour permettre l'aboutissement de ces travaux tout à fait passionnants et utiles. [...] Avec ce texte, vous illustrez ce qu'écrivait La Bruyère dans *Les Caractères* : "Un coupable puni est un exemple pour la canaille ; un innocent condamné est l'affaire de tous les honnêtes gens." »

La réforme fut adoptée à l'unanimité de l'Assemblée nationale. Dans la foulée, selon une tradition, nous nous retrouvions tous, députés de gauche et de droite, ministre et collaborateurs, à la buvette du Palais pour nous féliciter de ce moment si rare dans la vie politique.

Au final, et malgré notre immense satisfaction, notre seul regret à Alain, Sylvie et moi-même fut d'avoir cédé devant le Sénat sur notre volonté initiale de qualifier la notion de « doute ».

Rappelons en effet qu'avant la première grande réforme du 23 juin 1989, inspirée par Robert Badinter, pour espérer une révision, il fallait établir l'innocence du condamné. Le législateur de 1989 était intervenu pour rendre la révision possible lorsqu'« après une condamnation, vient à se produire ou à se révéler un fait nouveau ou un élément inconnu de la juridiction au jour du procès, de nature à faire naître un doute sur la culpabilité du condamné ». On passait donc de la preuve de l'innocence quasiment impossible à rapporter, sauf en de rares cas comme nous l'avons démontré, à la preuve d'un doute né de la découverte d'un élément nouveau.

Or, malgré cette modification substantielle de la loi, la Cour de révision continuait à exiger que lui soit rapportée la preuve de l'innocence.

Dans l'affaire Machin, il a fallu qu'un second individu récidive dans les mêmes circonstances, puis s'accuse spontanément des deux meurtres pour que la révision de la condamnation soit acceptée. Dans l'affaire Rida Daalouche, sans la découverte fortuite d'un bulletin d'hospitalisation psychiatrique attestant que Rida Daalouche ne pouvait être présent sur les lieux du crime au moment des faits, il n'aurait jamais été innocenté.

Dans l'affaire Patrick Dils, sans la découverte ultérieure de la présence sur les lieux du crime, du tueur en série Francis Haulme, celui qui était adolescent au moment de l'arrestation n'aurait sans doute jamais été acquitté.

Force est de constater qu'à chaque fois, c'est la preuve de l'innocence qui a dû être rapportée.

Depuis 1989, date d'entrée en vigueur de la loi Seznec censée modifier cette exigence jurisprudentielle, aucune condamnation n'a été annulée sur le fondement d'un simple doute.

Voulant tirer les conséquences de cette résistance des juges, notre intention première était donc de préciser expressément dans la loi qu'un doute « simple » devait entraîner la révision d'une condamnation. De cette manière, nous mettrions un terme à la violation de l'esprit de la loi.

Pour nous, un doute ne se dissèque pas : il y a doute, ou il n'y a pas doute. Dès qu'un doute apparaît, quelle que soit sa force, il doit bénéficier au condamné, comme il doit déjà profiter à l'accusé au moment du procès. Ce qui ne fut pas le cas pour Omar Raddad, lequel n'a jamais bénéficié du doute, ni au moment du procès ni lors de la première requête en révision.

Malheureusement, malgré notre volonté, nous devions nous heurter à un refus de principe des sénateurs, hostiles à toute qualification de la notion de doute.

Nous devions donc nous en tenir la conception du doute telle que définie par Bertrand Louvel, président de la chambre criminelle de la Cour de cassation[4] : « Le doute raisonnable résulte de ce que les faits et éléments nouveaux apparaissent suffisamment probants pour fragiliser la décision de culpabilité rendue par les juges de condamnation. »

On pourrait nous demander pourquoi avoir cédé devant les sénateurs ? La raison en est simple.

On le sait, pour qu'une loi voie le jour, elle doit avoir été adoptée en termes identiques par les deux chambres. Ici, il y avait donc désaccord sur un point précis. Or, si nous étions rentrés en conflit avec le Sénat, nous aurions été contraints de passer par une

4. Rapport d'information n° 1598, p. 231.

« commission mixte paritaire » qui n'aurait eu guère de chance d'aboutir à un point de vue commun, et donc de repartir pour de nouvelles lectures du texte devant les deux chambres. Bien que l'Assemblée nationale ait toujours le dernier mot sur le Sénat, notre crainte était de voir s'enliser la réforme dans les méandres d'une procédure législative incertaine. Non sans quelque amertume, nous préférions nous incliner pour sauver l'ensemble de la réforme en abandonnant le qualificatif du « moindre » doute.

Nous nous consolions par le fait qu'à l'avenir, les avocats inviteraient les magistrats de la Cour de révision à se référer aux travaux préparatoires de la réforme pour respecter la volonté du législateur sur la nécessité de retenir le « moindre doute » pour entrer en voie de révision.

Dès lors, notre loi pouvait être adoptée en termes identiques le 24 février 2014.

C'était bien là l'essentiel.

CHAPITRE VI
L'ADN, reine des preuves

Sylvie Noachovitch et Georges Fenech

« *Toute science est une connaissance certaine et évidente.* »
DESCARTES, *Règles pour la direction de l'esprit.*

L'ADN est incontestablement devenu la reine des preuves. Des affaires criminelles très anciennes et non élucidées peuvent enfin connaître leur épilogue. À telle enseigne que les services de police et de gendarmerie se sont organisés pour traiter spécifiquement des *cold cases*.

À l'époque de l'affaire Omar Raddad, la révolution de la police scientifique par l'exploitation de l'ADN n'en était qu'à ses balbutiements. Aujourd'hui, les nouvelles empreintes découvertes pourraient plus sûrement confondre le ou les assassins, à condition de s'en donner les moyens.

En 1953, la découverte par deux Anglo-Saxons, James Watson et Francis Crick, de la structure de l'acide désoxyribonucléique (ADN), une molécule à la forme d'une double hélice, allait permettre de percer bien des secrets et des mystères et devenir un irremplaçable outil d'enquête.

Cette révolution copernicienne nous apporte chaque jour son lot de prodiges. Des mystères de l'Histoire sont enfin éclaircis. Il a été prouvé que le « prisonnier du Temple » était bien le fils de Louis XVI. On connaît avec certitude les circonstances de la fin de la famille impériale de Russie. C'est encore par l'expertise ADN qu'Aurore Drossart a été déboutée de sa demande de reconnaissance d'une filiation revendiquée avec Yves Montand. Mais c'est dans le cadre des enquêtes judiciaires que le décodage génétique d'un individu se révélera un outil inégalable pour accuser ou, à l'inverse, mettre hors de cause.

L'affaire du « tueur de l'Est parisien » allait précipiter cette révolution, avec la création du Fichier national automatisé des empreintes génétiques (FNAEG).

Face à la répétition des viols suivis de meurtres non élucidés qui portaient la même signature ADN, la psychose enflait dans la capitale. Les familles des victimes exprimaient publiquement leur colère contre l'impuissance des forces de l'ordre. L'affaire prit une tournure politique. Le préfet de Paris dut lancer un appel public au calme. C'est à ce moment que le juge d'instruction en charge des dossiers, Gilbert Thiel, décida de passer à la vitesse supérieure. Il demanda à tous les laboratoires privés et publics de faire une étude comparative de l'ADN du « tueur de l'Est parisien » avec les traces en stock, quelle que soit l'ampleur de la tâche. Dans un premier temps, les fonctionnaires de police rechignèrent, au motif que la loi interdisait à l'époque le fichage génétique.

Le juge Thiel, pragmatique et déterminé, les prévint de son intention d'aviser les familles de leur éventuel refus, ce qui eut pour effet de débloquer la situation. Parmi tous les laboratoires sollicités, celui de Nantes passa une à une les trois mille cinq cents empreintes déjà répertoriées et, coup de chance, tomba sur une empreinte identique à celle relevée après l'agression de Mélanie B. Le 23 mars 1998, le « tueur de l'Est parisien » avait enfin un nom : Guy Georges.

Dès le lendemain, deux inspecteurs de la P.J. le reconnurent, comme il sortait de la station de métro Blanche. Bien qu'en possession d'un couteau, il ne leur opposa aucune résistance. L'homme était définitivement mis hors d'état de nuire.

Après l'émoi provoqué par cette affaire, Élisabeth Guigou, garde des Sceaux, décida de créer le FNAEG, qui, au départ, n'était réservé qu'aux seuls délinquants sexuels.

Le FNAEG passa spectaculairement de 2 807 profils enregistrés en 2003 à plus de 716 929 en 2008, après la décision de Nicolas Sarkozy, alors ministre de l'Intérieur, d'étendre son domaine à tous les auteurs d'atteintes aux biens et aux personnes. Le FNAEG comporte aujourd'hui plus de 3,5 millions d'empreintes génétiques.

C'est ainsi que nombre de crimes peuvent enfin être résolus, parce que leurs auteurs commettent parallèlement des petits délits qui donnent lieu à un relevé d'empreintes.

À titre d'exemple, un ancien pompier de 55 ans, Robert Greiner, a été condamné, le 10 avril 2008, à la réclusion criminelle à perpétuité pour le viol et le meurtre d'une lycéenne à Villeneuve-lès-Avignon, dix-huit ans après les faits ! Malgré ses dénégations, il a été confondu suite au prélèvement de son ADN à l'occasion d'une bagarre sur un parking avec des vigiles.

« C'est la montée en puissance du FNAEG élargi à tous les délinquants qui a permis de résoudre ce crime dix-huit ans après », s'est félicité Christian Jalby, sous-directeur de la police technique et scientifique qui abrite la plate-forme du FNAEG à Écully (Rhône).

Mais que faire quand l'ADN ne parle pas, qu'il ne correspond à aucune empreinte répertoriée ?

Dans cette hypothèse, deux nouvelles avancées scientifiques ont ouvert d'extraordinaires possibilités qui n'existaient pas du temps de l'affaire Omar Raddad : « la recherche en parentèle » et « le portrait-robot génétique ».

Explications. Jusque-là, seule une concordance parfaite entre une trace ADN relevée sur une scène de crime et une empreinte inscrite au FNAEG pouvait valoir preuve.

La nouvelle méthode dite de « recherche en parentèle » apparue aux États-Unis dans les années 2000 consiste à retenir une concordance génétique, même partielle, entre la trace recueillie et l'individu fiché. Puis d'établir la généalogie de ce dernier pour procéder à de nouvelles comparaisons avec ses parents en ligne ascendante, descendante ou collatérale.

C'est ainsi que, par cette technique, le propriétaire des deux empreintes génétiques, retrouvées sur un mégot de cigarette et un préservatif a pu être identifié dans l'affaire d'Élodie Kulik, dix ans après le crime.

Le père du suspect étant déjà fiché, l'enquête pouvait s'orienter vers son fils, Grégory Wiart, âgé de 22 ans, lequel entre-temps était décédé. Après exhumation de son corps, fin janvier 2012, le doute n'était plus permis. Restait à cerner l'entourage de ce dernier pour identifier le deuxième homme dont la voix audible avait été enregistrée lors de l'appel au secours de la victime. Confondu, un certain Willy Bardon fut condamné en appel le 1er juillet 2019 (soit dix-sept après les faits) à trente ans de réclusion criminelle.

Fort de ce succès, le législateur, le 5 juin 2016, introduisit dans la loi la recherche en parentèle, pour une sécurisation juridique.

Dorénavant, la justice disposait d'un nouvel outil d'enquête, permettant dans certains cas d'identifier l'auteur d'un crime, des années plus tard.

Le « violeur à la mobylette » de la forêt de Sénart fut identifié vingt ans après le crime, à partir de l'ADN de son frère. Le meurtrier d'un élu en Guyane fut confondu à partir de l'ADN de sa mère, répertorié au FNAEG.

Deuxième avancée scientifique prometteuse : le « portrait-robot génétique ».

À partir de l'analyse de segments codants issus de données génétiques, les experts sont aujourd'hui en capacité de dresser un profilage morphologique du suspect, comme la couleur de la peau, l'origine biogéographique, la couleur des yeux ou des cheveux, le sexe, l'âge, la taille, jusqu'à la calvitie ou la taille des lobes au niveau des oreilles, et même la forme du visage. Si rien dans la loi ne prévoit le recours à cette technique, scientifiquement dénommée « phénotypage moléculaire forensique », la Cour de cassation l'a validée à l'occasion de l'affaire dite du « violeur du 8e arrondissement » de Lyon.

En effet, suite à une série de viols commis entre 2012 et 2013 à Lyon, les enquêteurs buttaient sur un ADN en leur possession qui ne correspondait à aucun profil du FNAEG. Le juge d'instruction désigna alors un laboratoire spécialisé de Bordeaux pour extraire de cet ADN « tout élément utile relatif aux caractéristiques morphologiques ».

Dans le même temps, il saisit, par précaution juridique, la Cour de cassation, laquelle lui donna un feu vert pour ces investigations inédites qui touchaient au patrimoine génétique d'un individu. En définitive, le portrait génétique du « violeur du 8e arrondissement » ne fut pas exploité, puisque l'homme était interpellé entre-temps en crime flagrant et condamné à dix-huit ans de réclusion criminelle pour l'ensemble de ses crimes. Cette affaire, en tout cas, avait été l'occasion pour la juridiction suprême de valider la technique du « portrait-robot génétique ».

Cette technique sera utilisée pour la première fois en France avec succès dans l'affaire marseillaise dite de la maman emmurée.

À l'occasion de travaux de rénovation, un entrepreneur découvrit un corps derrière une cloison. Comment l'identifier parmi les quelque 10 000 disparus de ces dernières années ? À partir de son ADN, les experts ont pu déterminer qu'il s'agissait d'une femme de type européen, aux yeux verts, aux cheveux marron et avec des taches de rousseur. Dès lors, la liste des victimes s'était réduite à une vingtaine de femmes pouvant correspondre, et ainsi parvenir à son identification certaine. Après quelques vérifications, les enquêteurs s'aperçurent que son compte bancaire avait continué à être débité régulièrement. Interpellé, son fils, qui avait continué à occuper l'appartement, finit par avouer le meurtre de sa mère.

Grâce à ces progrès scientifiques spectaculaires, nous sommes désormais convaincus que les véritables assassins de Ghislaine Marchal finiront tôt ou tard par être démasqués.

CHAPITRE VII

Le parcours du combattant

Sylvie Noachovitch

« La vérité jaillira de l'apparente injustice. »
ALBERT CAMUS, La Peste.

Il me faudra redoubler de combativité pour faire admettre l'importance de ces éléments nouveaux constitués par les 4 ADN retrouvés, mélangés au sang de la victime.

Souvenons-nous en effet que lors de la première requête en révision, la cour s'était déjà refusée à ordonner de nouvelles expertises :

> « Si la découverte d'empreintes génétiques masculines sur les deux portes servant de support aux inscriptions accusatrices, ainsi que sur le chevron, constitue un élément nouveau, écrivent les juges, il est impossible, de déterminer à quel moment, antérieur,

> concomitant ou postérieur au meurtre, ces traces ont été laissées; [...] de nombreuses personnes ont pu approcher... »

Et de fait, les deux empreintes génétiques découvertes après la condamnation d'Omar Raddad n'ont jamais été inscrites au FNAEG, faute de datation possible.

En définitive, la Cour de révision, tout en considérant que la présence d'ADN constituait un élément nouveau, bottait en touche. Le doute, une nouvelle fois, n'avait pas joué, alors qu'aucun des ADN retrouvés sur les portes n'appartenait à Omar Raddad.

Il est vrai que la révolution du traitement de l'ADN n'en était alors qu'à ses débuts et que toutes les investigations qui auraient pu conduire à la découverte de la vérité n'avaient pu être menées à terme.

Leur inscription dorénavant s'imposait pour espérer confondre l'assassin. C'est dans ce nouveau contexte que le 21 octobre 2008, au lendemain de ma première rencontre à mon cabinet d'avocat avec Omar Raddad, je saisis le garde des Sceaux, sûre de mon bon droit, pour demander que divers actes d'investigation soient réalisés... sans me douter encore des obstacles qui se dresseraient devant moi...

J'obtins dans la foulée un rendez-vous avec Bénédicte Bertrand, conseillère technique, pour les affaires pénales auprès du ministre de la justice, auprès de laquelle je me rendais en totale confiance. En réalité, ce fut ma première déconvenue! Cette dernière m'opposera poliment le principe de l'autorité de la chose jugée pour m'inviter à saisir directement le procureur de la République et la commission de révision. En réalité, le ministère de la Justice me renvoyait purement et simplement sur un terrain miné par avance.

Bien déterminée à ne pas me laisser éconduire, j'écrivis de nouveau au garde des Sceaux et l'inondai de coups de fil et de mails : « Il est inacceptable que personne ne s'inquiète de savoir à qui ces traces ADN peuvent appartenir! » m'offusquai-je.

Face à mon insistance, le 23 mai 2011, la même conseillère technique se ravisa dans un courriel : « Les opérations techniques destinées à séparer les deux ADN mêlés nécessitent au moins un mois. Je ne manquerai pas de vous tenir informée dès que la comparaison avec les empreintes enregistrées au FNAEG aura pu être effectuée. » Puis, elle temporisa : « S'agissant de votre demande de nouveaux prélèvements sur les portes et le chevron, je pense qu'elle est prématurée dans l'attente des analyses en cours. » Cette réaction *a minima* de la Chancellerie était en tout cas une première petite victoire.

J'obtenais ainsi qu'il soit procédé à une recherche avec la base du FNAEG, des deux ADN mélangés au sang de la victime, et qui avaient été retrouvés aux termes des investigations ordonnées par la première commission de révision en 2001.

Il aura donc fallu environ dix ans pour commencer à s'en préoccuper !

Hélasr ! les opérations techniques conclurent à l'insuffisance de matière pour procéder à la comparaison avec les empreintes enregistrées au FNAEG.

Une véritable douche froide ! Il était impensable d'en rester là. Je me suis donc de nouveau tournée vers la Chancellerie, occupée depuis 2012 par Christiane Taubira, pour que, très logiquement, soient ordonnés de nouveaux prélèvements sur les portes entreposées au parquet de Grasse.

En 2013, après plusieurs mois de silence et plusieurs relances, la directrice de cabinet de la garde des Sceaux, cette fois, finit par m'opposer une fin de non-recevoir, au prétexte de la séparation des pouvoirs : « *Il appartient au procureur de la République de Grasse d'apprécier, d'une part, les suites à donner aux investigations diligentées depuis deux ans, d'autre part, l'opportunité de nouveaux actes ou d'une ouverture d'information judiciaire. Votre requête a donc été transmise à l'autorité judiciaire compétente, en la personne du procureur général près la cour d'appel d'Aix-en-Provence, afin qu'il en saisisse le procureur de la République de Grasse.* »

Aussitôt dit, aussitôt fait, en décembre 2013, je me redirigeai vers le procureur général d'Aix-en-Provence, pour solliciter ces fameux nouveaux prélèvements de matière, ainsi que leur inscription au FNAEG.

Trois semaines plus tard, le procureur de la République de Nice à son tour, bottait en touche : « Le nombre de segments de l'ADN retrouvé n'est pas suffisant pour une transmission au FNAEG. » Le magistrat ne prit même pas la peine de répondre à ma demande complémentaire de nouveaux prélèvements sur les portes, se contentant de m'informer que les scellés avaient été transmis au tribunal de grande instance de Nice.

Ainsi, quatorze ans après la découverte de ces nouveaux ADN, le mystère restait entier, les demandes d'investigations nouvelles présentées par mes soins, avaient essuyé un refus, au double prétexte que d'une part les ADN ne pouvaient être datés, et que donc il pouvait s'agir d'une pollution, et que d'autre part on ne disposait pas d'assez de matière pour les inscrire au FNAEG.

Étrange conception d'une justice qui n'hésite pas à condamner Omar Raddad, dont l'ADN n'a pas été retrouvé sur la scène de crime, tout en se dispensant d'identifier les empreintes pouvant appartenir aux véritables auteurs !

Les choses auraient pu définitivement en rester là si, en 2014, la réforme de la procédure de révision n'était pas entrée en vigueur. Grâce à ses nouvelles dispositions, le procureur serait cette fois contraint de me répondre, et en cas de rejet, je disposais du droit d'en référer à son chef hiérarchique, le procureur général.

Je saisis donc cette opportunité, pour demander au procureur de Nice, Éric Bedos, la réouverture du dossier avec un prélèvement de matières supplémentaires sur la porte de la cave à vin, la porte de la chaufferie et le chevron, et d'en confier la mission d'expertise, de préférence à l'expert Christian Doutremepuich, professeur émérite et directeur du laboratoire d'hématologie médico-légale de Bordeaux (LBHML).

En effet, la réalisation d'un portrait-robot génétique est une technique réalisée par seulement trois laboratoires en France : le laboratoire de police de Lyon (SNPS), l'IGNA de Nantes et le LBHML.

Bien que tenu de me répondre dans les nouveaux délais de deux mois, il m'aura fallu patienter bien au-delà, et effectuer plusieurs relances pour qu'enfin le magistrat commette un expert. Curieusement, c'est le Dr Olivier Pascal, expert agréé près la Cour de cassation, qui fut désigné pour ces nouveaux prélèvements et non l'un des trois laboratoires habilités en France à réaliser les portraits-robots génétiques. Mais le Dr Pascal a accepté la mission qui lui a été confiée. Le procureur Bedos a également ordonné à la gendarmerie de localiser Liliane Receveau, Pierre Auribault et Frédéric Hecquefeuille.

La justice allait-elle enfin se réveiller après tant d'années d'inertie ? C'était sans compter sur la mutation à la cour d'appel de Douai du procureur Éric Bedos, lequel m'avait accordé une oreille plutôt attentive en débloquant une situation figée depuis de trop nombreuses années, puisqu'il avait accepté en 2014 les expertises que je réclamais en vain depuis 2008. Je ne peux malgré tout que rendre hommage à son professionnalisme, car il a pris le temps d'étudier le dossier avant de faire droit à ma demande d'expertise. Il n'en sera pas vraiment de même avec son successeur, en la personne de Jean-Michel Prêtre.

Cette soudaine mutation m'obligeait, en outre, à tout reprendre depuis le début avec un nouveau magistrat qui ne connaissait rien du dossier.

Avec Jean-Michel Prêtre, première surprise : je devais découvrir les conclusions de l'expertise ordonnée par son prédécesseur dans la presse ! Je lui manifestai aussitôt mon agacement, tandis qu'il s'abritait, curieusement, derrière le secret des sources du journaliste.

Toujours est-il que, indépendamment de cette manière de procéder, les résultats de l'expertise dépassaient toutes mes espérances :

> « • *Une empreinte inconnue masculine n° 1 est isolée sur la partie latérale gauche de la porte à mi-hauteur. Elle est différente de celle de M. Omar Raddad. Bien que dégradée, elle peut être inscrite au FNAEG.*
> • *Une empreinte inconnue masculine n° 2 est isolée sur la partie inférieure droite de la porte. Elle est dégradée et n'est caractérisée que par le réactif spécifique du chromosome Y. Elle ne peut de ce fait ni être inscrite au FNAEG, ni être comparée à celle déjà effectuée sur Omar Raddad selon la technique standard. Elle peut cependant être comparée ponctuellement à des personnes sur lesquelles un prélèvement serait effectué.*
> • Sur la porte de la chaufferie (scellé n° 12), outre l'empreinte de Mme Ghislaine Marchal, les empreintes génétiques suivantes ont été relevées :
> • Une empreinte inconnue masculine n° 3 est isolée de manière éparse et aléatoire, à côté

comme sur les écritures, plutôt en haut de la partie droite de la porte. Elle est différente de celle d'Omar Raddad. Bien que dégradée, elle peut être inscrite au FNAEG.

• Une empreinte inconnue masculine n° 4 est isolée au milieu de la porte, nettement en dessous des écritures. Elle est différente de celle de M. Omar Raddad. Comme celle n° 2, elle n'est caractérisée que par le réactif spécifique du chromosome Y et ne peut de ce fait pas être inscrite au FNAEG. Elle peut cependant être comparée ponctuellement à des personnes sur lesquelles un prélèvement serait effectué. »

Au vu de ces découvertes capitales, le procureur Jean-Michel Prêtre ne pouvait qu'ordonner l'inscription au FNAEG de l'ensemble des empreintes génétiques qui pouvaient l'être, ainsi que leur comparaison avec celles enregistrées dans ce fichier. Logiquement, il demanda en outre que soient effectués des prélèvements sur les personnes d'Omar Raddad, Pierre Auribault et Frédéric Hecquefeuille, en vue de leur comparaison avec les empreintes inconnues masculines 2 et 4.

Autre point essentiel rendu public par le procureur : la découverte d'une correspondance entre l'empreinte génétique masculine 1 (scellé n° 10) avec celle d'un prénommé B., qu'il était indispensable d'identifier formellement pour effectuer des analyses complémentaires.

En présence de ces éléments nouveaux, qui ouvraient de larges perspectives d'enquête, on aurait pu s'attendre à ce que des diligences soient entreprises sans délai. Mais le temps continua de s'écouler inexorablement.

Un an plus tard, le 2 septembre 2016, en désespoir de cause, je relançai le parquet, pour savoir si la comparaison des traces ADN avec le FNAEG, ordonnée l'année précédente, avait été fructueuse. Et de nouveau plusieurs mois de silence avant que le procureur de la République ne s'engage à me transmettre les résultats de cette recherche. Le mois suivant enfin, je recevais l'entier rapport du Dr Pascal qui confirmait le rapprochement positif fait par le FNAEG entre l'empreinte masculine 1 et la fiche d'un prénommé B.

Qui était donc ce prénommé B. ? Mystère!

Entre-temps, j'appris, toujours par le parquet de Nice, que le prénommé B. avait été identifié depuis le mois de novembre 2015! Il s'agirait d'un certain Bachir G... Celui-ci aurait été interrogé et aurait présenté un alibi...

En réalité, je constatais qu'aucune démarche active n'avait vraiment été entreprise pour le localiser, au risque de le voir disparaître dans la nature. Surtout, il avait eu largement le temps d'apprendre par la presse qu'il était susceptible d'être recherché. Je pris par ailleurs l'initiative de suggérer au procureur Jean-Michel Prêtre d'adjoindre au Dr Pascal l'expert Christian Doutremepouich, de Bordeaux, très renommé en France et à l'étranger, pour dresser le portrait-robot d'une personne à partir de son ADN.

Sans nouvelle de ce magistrat, malgré une relance le 14 novembre 2016, j'ai saisi son supérieur hiérarchique, en la personne de Robert Gelli, directeur des Affaires criminelles et des Grâces, auprès du ministre de la Justice :

> « *Je n'ai aucune nouvelle de M. Prêtre [...] écrivis-je sèchement. Il m'informait le 26 octobre 2016 de la réception par ses soins du rapport complémentaire de l'expert qui lui a indiqué que l'individu dont l'ADN avait été identifié au FNAEG devait faire l'objet d'un prélèvement. Pourtant, depuis cette date, je me heurte à un véritable silence. M. le procureur s'est largement exprimé dans les médias, de sorte que l'individu en question est parfaitement au courant qu'il est susceptible d'être recherché.*

Les progrès scientifiques ne servent à rien s'ils ne sont pas suivis d'actions efficaces destinées à rechercher la vérité », *fis-je observer.*
« *Cette comparaison au fichier national des empreintes génétiques a été effectuée un an après le dépôt du rapport du Dr Pascal... Ce temps d'attente est très long pour mon client et est difficilement explicable* », *ajoutai-je.* « *Il y a par ailleurs ces trois autres ADN mélangés au sang de Mme Marchal dont un parfaitement exploitable (non inscrit au FNAEG, qu'on retrouve à plusieurs endroits de la porte) qui ont été retrouvés. Aucune enquête n'a, semble-t-il, été ouverte pour comparer ces ADN avec toutes les personnes qui ont entouré la victime* », constatai-je enfin avec agacement.

Le procureur général se voulut rassurant :

> « *Le procureur de Nice continuera à dérouler les phases des investigations avec méthode les unes après les autres et prendra en compte vos demandes de rapprochement des empreintes avec d'autres personnes, de contre-expertise dans un ordre logique et après retour des résultats des actes déjà engagés.* »

Puis, l'ancien directeur des Affaires criminelles et des Grâces ajouta, comme pour calmer mes ardeurs, que

> « *l'objet et la nature des actes que le procureur de la République peut effectuer dans le cadre des nouvelles dispositions de l'article 626 du CPP*[1]*, ne sont pas équivalents à ceux d'une enquête pénale avec tous les moyens coercitifs qui lui sont attachés, notamment l'interpellation de personnes qu'il faudrait "empêcher de fuir", alors qu'il n'est possible dans ce cadre que d'investigations seulement destinées à produire un éventuel fait nouveau ou à révéler un éventuel élément inconnu au moment du procès de nature à établir l'innocence du condamné ou à faire naître un doute sur sa culpabilité.* »

Je répondis aussitôt que je ne partageais absolument pas cette interprétation restrictive des nouvelles dispositions législatives. Ces échanges peu amènes devaient en rester là.

Il fallut encore plusieurs relances en janvier et avril 2017, pour que Jean-Michel Prêtre m'informe le 8 mai 2017, que

1. Code de procédure pénale (N.D.E.).

> « *les recherches effectuées ne permettaient pas d'identifier la personne nommée dans la fiche FNAEG. En effet* », *précisa-t-il*, « *cette identité n'était pas identifiable au Casier judiciaire national laissant supposer sinon une identité fausse, du moins une erreur lors de la saisie de la demande d'inscription au FNAEG.* »

Il précisait, toutefois, saisir la section de recherches de Marseille aux fins d'identifier, rechercher et entendre le dénommé Bachir G.

Plusieurs mois s'écoulèrent encore, sans que jamais nous ne soyons informés, mon client et moi, des suites. C'est dans le journal *20 Minutes*, que j'appris que « la piste du nouvel ADN découvert en 2016 ne donnait finalement rien ».

Par courrier du 19 février 2018, le parquet de Nice prit enfin la peine de me confirmer cette information qui avait une nouvelle fois bizarrement fuité dans la presse :

> « *Il résulte du rapport d'expertise du 9 février 2018 reçu au parquet le 16 février 2018 et établi par M. le docteur Olivier Pascal de l'IFEG qu'il convient d'exclure l'appartenance à la personne finalement identifiée comme étant*

celle désignée au fichier FNAEG sous le nom de "G. Bachir". »

Comment comprendre que malgré une correspondance de 80 % entre la trace ADN recueillie et le profil génétique de Bachir G., on ne s'interrogeait plus sur la manière dont cette empreinte s'était retrouvée sur la scène de crime ?

Dans ce même courrier, le procureur, pour justifier du rejet de l'ensemble de nos demandes complémentaires, se retrancha derrière la motivation de la Cour de révision de 2002 :

> « *Leur absence de pertinence me conduit donc à rejeter vos demandes complémentaires, notamment celles formulées par vos courriers des 14 novembre 2016 et 27 janvier 2017 tendant, soit à rechercher si les traces génétiques trouvées sur les scellés appartiennent à telles ou telles "personnes qui faisaient partie de l'entourage de la victime", soit à faire des portraits-robots du ou des propriétaires de ces traces.* »

Ce revirement du parquet de Nice était d'autant plus inexplicable que l'ancien procureur Éric Bedos avait, en son temps, et donc postérieurement à cette même décision, estimé ma requête recevable. Cette volonté à peine dissimulée de voir l'affaire Omar Raddad le plus rapidement enterrée, m'a conduite à exercer un recours le 23 février 2018 devant le procureur général, comme la réforme l'autorisait désormais.

C'est là qu'un petit coup de pouce du destin vint me conforter dans mes espoirs. À la suite d'une émission de télévision consacrée à l'affaire Omar Raddad, un expert en génétique près la cour d'appel d'Aix-en-Provence m'a contactée courant novembre 2018 pour échanger sur ce dossier qui l'intéressait et m'a proposé spontanément son aide gracieuse pour m'apporter son éclairage scientifique sur le rapport d'expertise qui avait été déposé par le docteur Pascal.

Cette apparition était tellement inattendue et miraculeuse, pourrait-on dire, que je me suis très vite renseignée pour savoir si M. Laurent Breniaux était bien expert à la cour d'appel d'Aix-en-Provence ! Je pus vérifier que c'était le cas, à ma plus grande joie, et je l'ai immédiatement annoncé à Omar Raddad comme un coup de pouce du destin !

Hasard des carrières, je retrouvais au poste de procureur général d'Aix-en-Provence Robert Gelli, l'ancien directeur des Affaires criminelles et des Grâces, ce qui n'augurait rien de bon au regard de la fin de non-recevoir qu'il m'avait opposée lorsqu'il était au ministère de la Justice.

De fait, le 5 mars 2019, sa réponse cingla :

> « *En l'état, l'ensemble des actes que j'avais requis ont été accomplis et je n'entends pas accéder à vos demandes supplémentaires aux fins qu'il soit procédé à une contre-expertise dans le cadre de la comparaison entre l'empreinte génétique de Bachir G. et l'empreinte masculine n° 1, ni qu'il soit réalisé une étude de probabilités permettant de calculer le rapport de vraisemblance entre les deux ADN.* »

Il est étonnant de lire qu'une étude de probabilité n'apporterait aucun élément probant, avant même qu'elle ait été ordonnée et réalisée. C'était faire reposer, une fois encore, la vérité judiciaire sur une conviction personnelle.

En résumé, le procureur général faisait totalement fi de la trace ADN retrouvée sur les portes du sous-sol, qui correspond à 80 % au profil de M. G. et dont huit *loci*[2] sont parfaitement identiques.

2. Pluriel de *locus*, qui désigne une position fixe sur un chromosome.

Bien décidée à ne pas m'incliner, je demandai à M. l'avocat général Robert Gelli de me recevoir à la juridiction d'Aix-en-Provence, accompagnée de l'expert Laurent Breniaux. Ce dernier, lui-même rattaché auprès de la cour d'appel d'Aix-en-Provence, avait pris le soin d'établir un rapport très détaillé et surtout extrêmement clair quant à la probabilité qu'au moins l'un des ADN soit celui du criminel en raison de son omniprésence sur les lettres de sang, mélangées au sang de la victime.

Nous fûmes reçus le 31 mai 2019 au cabinet du haut magistrat, en présence de son substitut.

Le Dr Breniaux expliqua avoir procédé à l'étude des conclusions du Dr Pascal et formulé ses propres commentaires. Pendant les explications de l'expert, je vis les yeux du procureur général s'écarquiller, ce qui me laissait de nouveau espérer. Les conclusions de l'expert Laurent Breniaux ouvraient en effet des perspectives des plus prometteuses et ne pouvaient plus être ignorées de la justice.

> « *Ces quatre empreintes génétiques ne peuvent rester à l'état d'inconnues, affirma-t-il, ceci est encore plus évident pour l'empreinte génétique masculine inconnue 3, mise en évidence à partir du scellé 11 (porte de la chaufferie).* »

Il ajouta : « La présence de cette empreinte génétique inconnue 3 interroge parce qu'elle est caractérisée :
– à 14 reprises au niveau de l'ADN autosomal (nucléaire) ;
– à 21 reprises au niveau de l'analyse de l'haplotype du chromosome Y ;
– sur et à proximité de plusieurs lettres ensanglantées : le R d'Omar, le T, le O, le M. ;
– au niveau de la trace de main sur la porte ;
– seul (isolé) et en mélange avec l'ADN de Mme *Ghislaine Marchal (8 fois, en mélange, avec le sang de la victime).* »

Puis, l'expert Breniaux en tira des conséquences déterminantes pour la recevabilité de notre requête en révision :

« *La localisation de cette empreinte génétique, uniquement au niveau des zones d'écritures et plus précisément au niveau des lettres ensanglantées (avec le sang de la victime) fait de cette empreinte génétique, en particulier, un nouvel élément technique pour lequel, l'identification et l'explication de sa présence sont indispensables.*

– L'omniprésence de l'empreinte génétique, à 35 reprises uniquement au niveau des zones d'écritures, et plus précisément au niveau des lettres ensanglantées avec le sang de la victime, fait de cette empreinte génétique qu'elle ne peut en aucun cas être un ADN de pollution.

– En conclusion », estima-t-il, « *de nouvelles comparaisons sont nécessaires pour identifier ces traces, en prélevant et en analysant d'autres intervenants du dossier (témoin, suspect, familiers, enquêteurs, magistrats, experts), en utilisant de nouveaux procédés tels que la recherche en parentèle et toute nouvelle technique permettant l'identification de ces traces génétiques inconnues (par exemple "Portrait-robot").* »

Enfin, pour être exhaustif, Laurent Breniaux estima qu'en ce qui concerne l'empreinte attribuée partiellement à un dénommé G., on ne pouvait pas non plus rester en l'état. Il considéra que si le rapprochement avec cet individu était exclu de manière formelle, il n'en demeurait pas moins pertinent de se demander si la très grande proximité génétique entre cette trace et G. pourrait s'expliquer par un lien de parenté avec la personne ayant laissé la trace ADN sur la porte.

D'où sa suggestion de « réaliser des recherches en parentèle à partir de la base de données FNAEG ».

Grâce à cet expert, je compris que cette découverte était fondamentale, car elle innocentait mon client, dont l'ADN n'a jamais été retrouvé sur la scène de crime. Enfin, un expert faisant autorité demandait au nom de la vérité judiciaire que des recherches sérieuses et approfondies soient menées, se fondant sur les dernières avancées scientifiques, afin de découvrir à qui appartenaient ces quatre ADN masculins inconnus !

À la fin de l'entretien, j'étais heureuse, car Robert Gelli semblait tout aussi convaincu que moi par les arguments scientifiques de Laurent Breniaux. Il estimait effectivement que les éléments nouveaux apportés devaient retenir toute son attention ainsi que celle du procureur de Nice. Je saluai Laurent Breniaux, le remerciai pour tout le temps consacré à ce dossier et repartis sur Paris, pleine d'espoir et d'enthousiasme.

J'attendais la réponse écrite du procureur général, qui se faisait attendre malgré mes relances auprès de son substitut qui me laissait un espoir…

Nouveau hasard de carrière, Robert Gelli était à son tour muté, en octobre 2019, à Monaco, en tant que directeur des services judiciaires de la Principauté, le plaçant au rang de ministre de la Justice de l'État monégasque… Je devais donc de nouveau convaincre son successeur, en la personne de Marie-Suzanne Le Queau…

Dès son arrivée, je le contactai. À peine après avoir pris connaissance du dossier, elle accueillit partiellement mes demandes d'actes et, pour la plus grosse partie de celles-ci, me renvoya vers le procureur de Nice, seul compétent pour répondre à mes nouvelles demandes.

Je revenais ainsi à la case départ, le procureur Prêtre étant manifestement peu enclin à diligenter de nouvelles investigations. D'ailleurs, il ne me répondit plus !

Le 18 mai 2020, Mme Le Queau, constatant son inertie, reçut notre recours et lui ordonna de faire rechercher Thierry Jacquot, fils de la femme de ménage et gardienne de la propriété de Mme Pascal, voisine de Mme Marchal, ainsi que de faire effectuer des prélèvements et comparaisons sur sa personne.

Elle refusa en revanche de procéder au prélèvement de l'ADN de toutes les personnes intervenues au dossier, ou de leurs proches si elles sont décédées, ainsi que la comparaison avec les empreintes génétiques inconnues, au motif que cela lui paraissait inutile et que « seules des comparaisons avec les empreintes génétiques de personnes susceptibles d'être mises en cause dans la commission des faits [lui] para[issait] pertinente ».

De la même manière, elle refusa de comparer les empreintes génétiques 1 et 3 avec tous les profils génétiques des individus enregistrés dans la base FNAEG au motif que cela

> « ne serait pas de nature à permettre la production d'un fait nouveau susceptible d'établir l'innocence du condamné ou faire naître un doute sur sa culpabilité, au sens de l'article 622 du Code de procédure pénale ».

Dont acte ! Mais il ne semble pas relever de la compétence du procureur général d'apprécier si le fait nouveau est de nature à faire naître un doute sur la culpabilité du condamné ? Mme Le Queau avait pris manifestement des conclusions totalement discrétionnaires.

Le 4 novembre 2019, j'appris avec joie que Jean-Michel Prêtre était muté d'office à Lyon et remplacé par M. Xavier Bonhomme. Quatre mois plus tard, le 18 mars 2021, ce dernier accéda à mes demandes de communication de l'ensemble des actes, et ordonna de nouvelles expertises génétiques qu'il confia au Dr Pascal et toujours pas à l'un des trois grands laboratoires français capables de dresser des portraits robots génétiques. Hélas ! elles devaient se révéler infructueuses.

Puis, de nouveau, c'était le silence radio du côté de Nice. On me laissait entendre que les expertises étaient toujours en cours, tout comme l'enquête. Mais je ne voyais rien arriver.

Plus le temps passait, plus la cause semblait perdue, jusqu'à ce que je décide de passer la vitesse supérieure en saisissant la Cour de révision, puisque je détenais suffisamment d'éléments nouveaux de nature à faire naître un doute sur la culpabilité d'Omar Raddad. Mon dossier était prêt à partir à la Cour de révision en 2021. Le nombre d'heures passées fut tel que j'ai vécu de nombreuses nuits à ne dormir que deux ou trois heures pour finaliser mon mémoire en révision. Je ne voulais rien laisser au hasard et être la plus convaincante possible. J'avais aussi la chance d'être bien entourée au sein de mon cabinet. Néanmoins, je décidai de ne plus combattre seule et de m'adjoindre un homme de loi. Le nom de Georges Fenech m'est venu tout naturellement.

C'est grâce à la loi qu'il a fait voter à l'unanimité en 2014 que j'avais pu obtenir les expertises ADN. En outre, il possédait une connaissance parfaite des rouages de la justice. Enfin, tout comme moi, ce magistrat ne supportait pas l'erreur judiciaire. Ainsi, il n'avait pas hésité, lorsqu'il occupait le siège d'avocat général à Bourg-en-Bresse, à refuser de requérir une condamnation dans une affaire criminelle quand le doute envahissait le dossier.

Je ne vois que trop d'avocats généraux dans ma vie professionnelle requérir systématiquement des peines lourdes dans des dossiers qui vont pourtant dans le sens de l'innocence de l'accusé, comme dans l'affaire Diallo, l'affaire Maillant ou l'affaire Omar Raddad. Tout avocat général qui s'honore doit requérir l'acquittement lorsqu'il estime qu'il n'y a pas assez d'éléments pour faire condamner l'accusé.

Suite à mon intervention en octobre 2013 devant la Commission des lois de l'Assemblée nationale, j'ai de nouveau eu l'occasion de rencontrer Georges Fenech, qui m'avait convoquée avec Alain Tourret pour que je fasse part de mon expérience dans le cadre de l'application de la loi de 2014.

Il me restait à savoir s'il accepterait d'être à mes côtés dans ce combat devant la Cour de révision. Préalablement, j'ai bien entendu requis l'accord de mon client, qui me faisait confiance et connaissait Georges Fenech au travers des médias. Après la joie d'avoir la conviction que les éléments nouveaux que j'avais apportés conduiraient à la révision, s'ajouta alors l'immense bonheur d'obtenir le lancement d'une procédure en demande de révision. J'appelai dans la foulée Omar Raddad pour lui annoncer cette excellente nouvelle, ainsi que son soutien de toujours, l'académicien Jean-Marie Rouart, qui s'en est vivement réjoui.

Le 25 novembre 2021, je me rendais avec Georges Fenech, Jean-Marie Rouart et Omar Raddad au Palais de Justice historique de Paris, siège de la nouvelle Cour de révision, là même où fut emprisonnée, dans les cachots de la Conciergerie, Marie-Antoinette, avant d'être conduite à l'échafaud. Après nous être frayé un passage au milieu d'une foule de journalistes (signe de l'intérêt que suscitait toujours cette affaire), nous guidions les pas d'Omar Raddad. Nous espérions la réhabilitation prochaine d'un homme innocent et injustement condamné.

Cette audience à huis clos a permis à la partie civile ainsi qu'à l'avocat général de faire part de leur position. La partie civile restait toujours convaincue de la culpabilité d'Omar Raddad en se montrant obstinément fermée à tout argument qui pouvait lui être apporté. Néanmoins, elle a, par l'intermédiaire de son avocate, fait part du fait que ces ADN posaient indéniablement question et qu'il fallait peut-être aller plus loin pour en terminer.

Cette audience fut très émouvante, car, après ma plaidoirie, le président de la commission d'instruction a accepté d'entendre Omar Raddad. Celui-ci s'est exprimé avec son cœur et a exposé non seulement sa souffrance, mais aussi supplié la commission de croire en son innocence. Il expliqua que son combat était motivé par le fait qu'il ne pouvait pas supporter d'être considéré comme le coupable d'un crime odieux qu'il n'avait jamais commis. Les larmes qui coulaient de ses yeux furent pour moi un moment poignant et inoubliable. Ces larmes, elles sont bien spécifiques, ce sont celles des innocents qui crient leur désarroi et tentent de prouver quelque chose d'impossible.

Je l'ai à chaque fois vécu lorsque je défends des innocents devant la cour d'assises.

Cela me rappelle l'affaire récente de Mamadou Diallo, que l'avocat général voulait faire condamner à trente ans de réclusion criminelle pour un meurtre qu'il n'avait pas commis, et que j'avais réussi à faire acquitter le 28 mars 2022. Il hurlait son innocence, tentait de la prouver. Tous les experts psychiatres et psychologues confirment que l'attitude des innocents est active. Ils se battent et crient leur innocence. Ils tentent de démontrer à tout prix qu'ils ne peuvent pas être l'auteur des faits dont on les incrimine. J'ai beau avoir dépassé les trente-trois ans d'exercice professionnel, je resterai toujours autant émue et révoltée face à l'injustice. Je me battrai toujours pour empêcher une erreur judiciaire. J'ai foi en l'âme humaine et c'est avec l'aide des jurés qu'une erreur judiciaire peut quelques fois être rectifiée même si on est face à une audience à charge. Ce fut le cas dans le dossier Diallo que j'ai plaidé à la cour d'assises de Bourg-en-Bresse face à une présidente partiale. Au milieu de ma plaidoirie, j'avais même cité l'affaire Omar Raddad, tellement ces deux dossiers présentaient de similitudes.

Arrive enfin le 16 décembre 2021, jour où la commission d'instruction doit rendre sa décision tant attendue. Ce fut une explosion de joie ! Vingt ans après la décision de rejet de la première Cour de révision, la commission d'instruction ordonnait la réouverture du dossier ! Elle acceptait en effet que le rapport de l'expert Breniaux, qui tirait les conséquences de celui du Dr Pascal en ouvrant sur de nombreuses pistes scientifiques exploitables, soit analysé dans toute sa portée !

Certes, il ne s'agissait que d'une première étape, mais désormais tous les espoirs étaient permis. D'autant que, comme nous l'avons vu, la révélation de l'enquête de gendarmerie restée cachée permettra, nous l'espérons, de conforter la thèse selon laquelle les quatre ADN retrouvés mélangés au sang de la victime pourraient appartenir aux véritables auteurs du crime.

En tout état de cause, tous ces éléments nouveaux ne pouvaient plus être ignorés de la justice.

CHAPITRE VIII

Le bout du tunnel ?

Sylvie Noachovitch et Georges Fenech

« Il n'est pas de tyran au monde qui aime la vérité.
La vérité n'obéit pas. »

ALAIN.

Quelques jours avant l'audience du 19 mai 2022, je reçus à mon cabinet, conformément au principe du contradictoire, communication du mémoire de l'avocat général.

À notre grande stupéfaction, ce haut magistrat ne semblait pas avoir conscience de l'importance des éléments nouveaux produits.

Comment l'avocat général argumente-t-il sa position ? En considérant que l'absence des procès-verbaux originaux, restés introuvables, ôte tout crédit réel à cette enquête. Étonnant ! Il incomberait donc à Omar Raddad de se substituer à l'autorité compétente pour rechercher une enquête de la justice susceptible de l'innocenter ?

L'avocat général s'interroge simplement sur l'opportunité pour la commission de faire ces recherches si elle l'estime utile.

En outre, le haut magistrat n'hésite pas à discréditer les conclusions des enquêteurs en ces termes :

> « Lorsque le procès-verbal de synthèse affirme que “ les informations confiées à l'officier de gendarmerie sur les circonstances du meurtre de Mme Marchal semblent réelles, incontournables et avérées ”, il procède en réalité, estime-t-il, par dénaturation du contenu de l'enquête, en tout cas tel que nous le connaissons ». Et de conclure, péremptoire : « Il serait possible d'envisager dès lors un rejet de la demande. »

Comment s'en tenir à une telle appréciation arbitraire sans la moindre vérification ? On faisait fi à la fois de la révélation d'une enquête troublante ainsi que des conclusions de l'expert Breniaux sur la nécessité de poursuivre les investigations sur les nouveaux ADN restés inconnus !

Nous tombions des nues !

Sans attendre l'audience promise à un rejet définitif, issue dramatique pour Omar Raddad, il nous fallut réagir dans l'urgence. Nous prîmes donc l'initiative d'en informer les gendarmes en question, dont l'honneur professionnel était fortement mis en cause.

Fait rarissime, ces officiers de police judiciaire aguerris demandèrent à être directement entendus par la commission d'instruction.

Le capitaine V. m'adressait un courriel en ce sens :

> « Maître,
> Vous connaissez les circonstances dans lesquelles j'ai participé aux enquêtes de 2002-2003, lorsque j'étais en poste au bureau judiciaire de la région de gendarmerie PACA, faisant suite à un renseignement recueilli et laissant penser que l'homicide de Mme Marchal pouvait ne pas avoir été commis par M. Raddad.
> Ce renseignement recoupé et vérifié a fait l'objet d'un compte rendu à notre hiérarchie et communiqué au ministère public.
> Un premier soit-transmis a permis une première enquête préliminaire, puis une seconde, puis une troisième.

Je ne suis pas en mesure d'analyser les raisons qui ont conduit les plus hautes instances de la gendarmerie à donner certains ordres, ni celles qui ont motivé le ministère public.
Pour autant, la sortie du livre *Ministère de l'Injustice* a éveillé mon intérêt. Les journalistes semblaient avoir réussi à se procurer ces procédures restées en l'état.
Le visionnage d'une émission m'a permis de constater qu'en qualité d'avocate de M. Raddad, vous n'étiez pas en possession de ces documents. Lorsque je suis parti en retraite, j'ai conservé des archives, dont celles des deux premières enquêtes préliminaires.
Pourquoi ? Parce que j'ai toujours eu le sentiment du travail inachevé. L'innocence potentielle d'un homme condamné vaut bien que l'on s'en inquiète.
Alors, j'ai pris l'initiative de communiquer avec vous, estimant anormal que vous n'ayez pas eu accès à ces documents.
Je demande de façon formelle à être entendu par la Cour de révision dans le cadre de la demande de révision de cette affaire afin que la justice, la défense et la partie civile soient véritablement en possession de tous les tenants et aboutissants de notre travail.

> Je vous autorise à communiquer à la Cour le présent mail.
> Avec mes sentiments respectueux et dévoués. »

Les deux autres gradés de la gendarmerie ayant participé à cette enquête s'adressaient à leur tour à mon cabinet dans le même sens.

Ainsi, le lieutenant-colonel S. :

> « Je soussigné S., retraité de la gendarmerie, souhaite être entendu, dans le cadre de l'affaire citée en référence, par la Cour de révision, compte tenu de son importance et du fait que j'ai été la première personne à avoir reçu le témoin. »

Même volonté manifestée par le capitaine P. M. :

> « Nous soussigné, P. M., sollicitons dans le cadre de l'affaire citée en objet du présent être entendu par la Cour de révision et ce pour une complète manifestation de la vérité sur les éléments recueillis dans le cadre de notre enquête judiciaire menée depuis 2002. »

Plaidoirie de la dernière chance | Sylvie Noachovitch

19 mai 2022. Arrive enfin le jour tant attendu…

Je me rends au Palais de Justice, accompagnée, comme les précédentes fois, de Georges Fenech et de Jean-Marie Rouart, Omar Raddad, très anxieux, n'ayant pas eu la force de faire le déplacement.

La commission d'instruction doit dire si elle rejette la requête d'Omar Raddad et enterre, par voie de conséquence, définitivement le dossier en mettant un terme à des années de combat, ou si elle accepte de poursuivre les investigations sur l'ensemble des éléments nouveaux apportés pour qu'enfin la Cour de révision soit saisie et annule la condamnation d'Omar Raddad.

Je restais confiante mais d'une extrême vigilance. Puis le mécontentement a pris le dessus lorsque j'appris sur le chemin du Palais de Justice que M. l'avocat général sollicitait le renvoi de cette affaire pour lui permettre d'avoir un délai supplémentaire pour prendre connaissance de mes conclusions et pour tenter de retrouver l'enquête de gendarmerie qui demeurait introuvable.

En commençant ma plaidoirie devant la commission d'instruction, face à la demande de l'avocat général, j'évoquai d'emblée les demandes d'audition des gendarmes qui me paraissaient urgentes et incontournables :

> « D'évidence, ces hauts gradés doivent être auditionnés dans les meilleurs délais par la commission d'instruction », affirmai-je. « Personne ne sait finalement pourquoi cette procédure n'a pas été jusqu'à son terme. Au regard du procès-verbal transmis réclamant différents actes d'investigation, aucun classement sans suite n'a pu intervenir ! Les procès-verbaux communiqués sur lesquels s'est fondé M. l'avocat général pour établir ses conclusions ainsi que les procès-verbaux communiqués postérieurement par mes soins démontrent de toute évidence qu'il existe un doute sur la culpabilité d'Omar Raddad qui justifie que cette affaire soit renvoyée devant la Cour de révision, qui devra décider s'il existe un doute simple au sens de la loi du 20 juin 2014. Même un simple doute doit donner lieu à révision au sens de l'esprit du législateur de 2014 », conclus-je devant la commission.

Après un délibéré de moins d'une heure, mais qui nous parut une éternité, ce fut la délivrance !

La commission d'instruction, en se ravisant, ordonnait le renvoi de l'affaire au 15 septembre 2022, pour permettre à l'avocat général de retrouver l'intégralité de l'enquête de gendarmerie et, dans cette attente, ordonna l'audition des gendarmes, tout en précisant que Mme le conseiller rapporteur devait procéder à tous actes utiles découlant de ces auditions pour une complète manifestation de la vérité.

En outre, la commission devait se pencher sur le nouveau rapport de M. Breniaux produit avant l'audience et la possibilité d'exploiter les quatre ADN inconnus, découverts suite à l'expertise que j'ai obtenue en 2014, et ce, malgré la position qui semble désormais fermée du Dr Pascal.

Ces nouvelles investigations tant espérées permettront-elles d'enfin voir le bout du tunnel ? Le chemin est encore long, car je vais à nouveau devoir plaider le 15 septembre 2022 en m'appuyant sur le résultat des recherches de M. l'avocat général et le nouveau rapport qui devra être déposé par la conseillère rapporteur, suite aux actes qu'elle a été invitée à accomplir par la commission d'instruction au terme de l'audience du 19 mai.

Fin juin 2022, les trois gendarmes à la retraite semblent ne toujours pas avoir reçu de convocation de la commission d'instruction.

La patience et l'attente sont toujours les maîtres mots de ce dossier…

Néanmoins, chaque jour qui passe nuit au dossier. Il faut savoir que l'un des suspects sérieux visé par l'enquête des gendarmes est décédé le 17 mai 2022 d'une crise cardiaque, alors que je réclamais, dès le 25 mars 2022, à la commission d'instruction, avec copie à l'avocat général, un certain nombre d'actes le concernant.

Heureusement, les progrès scientifiques permettent de me laisser espérer malgré tout une issue favorable dans le cadre de ce combat hors-normes, à la condition que soit désigné l'un des trois laboratoires français spécialistes de la recherche en parentèles et en portrait robot génétique.

Par ailleurs, j'ai reçu une nouvelle très satisfaisante qui me permet également de rester optimiste et positive.

En effet, le quatrième gendarme qui a mené au départ l'enquête secrète avec celui qui est aujourd'hui décédé, et qui ne m'avait pas jusqu'alors contactée, m'a écrit pour solliciter, lui aussi, son audition par la commission d'instruction.

Je me suis bien évidemment empressée d'écrire au président de la commission d'instruction pour lui transmettre cette nouvelle demande.

Nous ne doutons pas que les auditions de ces quatre hauts gradés de gendarmerie conforteront l'existence d'éléments nouveaux et inconnus des premiers juges, qui aboutiront logiquement à la réouverture du procès.

Rendez-vous à l'audience des plaidoiries du 15 septembre 2022.

CHAPITRE IX
Abattre le système inquisitoire

Sylvie Noachovitch et Georges Fenech

« Il est plus difficile de démontrer l'innocence d'un innocent que de défendre un coupable. »
MARIA TERESA DI LASCIA, *Passage dans l'ombre.*

En définitive, toutes ces années de combat nous ont convaincus qu'au-delà de la faillibilité des hommes, Omar Raddad aura été, comme tant d'autres condamnés innocents, la victime d'un système répressif archaïque qui peut broyer sans preuve certaine et qui se joue de la présomption d'innocence en réduisant la défense à un rôle mineur.

En effet, dans notre système judiciaire de type inquisitorial, le juge d'instruction est tout à la fois Maigret et Salomon, enquêteur et juge. Cette ambivalence de la fonction, héritière en ligne directe du lieutenant criminel révolutionnaire, déséquilibre les rapports de force, au profit de l'accusation et au détriment de la défense. Nous évoquerons ici trois affaires retentissantes aux conséquences irrémédiables qui illustrent parfaitement les défauts de notre justice répressive.

En 1972, à Bruay-en-Artois (Pas-de-Calais), la France entière découvrit pour la première fois le visage d'un juge d'instruction tout-puissant, chasseur en solitaire et n'hésitant pas à tenir conférences de presse, en totale violation du secret de l'instruction.

Le juge Henri Pascal s'était convaincu d'emblée que les meurtriers et violeurs de Brigitte Dewèvre, une adolescente d'origine modeste, ne pouvaient être que le couple de notables formé du notaire Pierre Leroy et de sa maîtresse.

Sans aucune preuve solide, et malgré leurs totales dénégations, il jettera le couple en prison, sur la base fragile de quelques indices et apparences trompeuses. Ce juge, membre du Syndicat de la magistrature, né du *big bang* de Mai-68, était un fervent défenseur de la lutte des classes. Dans une région sinistrée par la fermeture des mines à charbon, il s'était tout à coup auto-investi du rôle de juge-justicier, prenant fait et cause pour les petites gens à la merci d'une bourgeoisie capable du pire. Dès lors, il conduisit son enquête au mépris de la nécessaire prudence qu'exige un débat contradictoire et respectueux de la présomption d'innocence.

Face à l'inexistence de charges précises et concordantes, le magistrat fut interrompu dans sa croisade par la chambre d'instruction d'Amiens. Saisie en appel, elle le désavoua en ordonnant la remise en liberté immédiate du couple incarcéré depuis trois mois.

Au final, le juge Pascal sera dessaisi du dossier et le crime restera à tout jamais impuni.

Dix ans plus tard en 1984, le juge d'Épinal (Vosges), Jean-Michel Lambert, tombera dans les mêmes travers que son aîné, à l'occasion de l'« affaire du petit Grégory », l'une des plus emblématiques de ces dernières décennies.

Grisé par une soudaine notoriété, il découvrira toute l'étendue de ses pouvoirs et cédera également à l'attraction des médias. Le « petit juge », comme il aimait à se qualifier lui-même à l'instar du juge Pascal, incarcérera selon son bon vouloir et ses convictions intimes, dans un premier temps Bernard Laroche, cousin de Jean-Marie Villemin, le père de la petite victime, qu'il libérera après de nouvelles cogitations… pour placer en détention provisoire cette fois la mère de la petite victime, Christine Villemin, laquelle sera rapidement à son tour remise en liberté par la chambre d'accusation, faute de preuves.

Résultat de ce fiasco : Bernard Laroche sera abattu par Jean-Marie Villemin et la mort tragique de l'enfant ne sera jamais élucidée ! Quant au « petit juge », il mit dramatiquement fin à ses jours, en expliquant dans une lettre posthume ne plus pouvoir supporter les critiques dont il avait fait l'objet durant ces longues années.

Vingt ans plus tard, à Outreau (Pas-de-Calais), autre ville sinistrée du Nord, le jeune juge Burgaud, tout frais émoulu de l'École nationale de la magistrature, sera atteint du même syndrome d'infaillibilité à l'occasion d'une vaste affaire de crimes pédophiles.

Il se montrera incapable de douter de ses premières analyses, même face aux cris d'innocence d'une mère de famille, d'une vendeuse de bonbons, d'un chauffeur de taxi, d'un huissier, d'un prêtre… Au final, l'instruction, après de longs mois de détention provisoire et de grèves de la faim à répétition, débouchera sur quatorze acquittements et un suicide en prison.

Fait sans précédent, compte tenu de l'émoi provoqué par ce fiasco judiciaire dans tout le pays et jusqu'au chef de l'État, le juge sera contraint de comparaître, le 8 février 2006, devant une commission d'enquête parlementaire, dont les travaux retransmis en direct étaleront, devant les Français ébahis, les dysfonctionnements de l'instruction à la française.

Georges Fenech

En tant que député, j'ai été membre de cette commission d'enquête. Je me souviens qu'en observant le juge Burgaud entouré de ses deux avocats, je n'ai pu m'empêcher d'imaginer que, ancien juge d'instruction moi-même, j'aurais pu passer sous les fourches caudines de la représentation nationale. Car, même avec la meilleure volonté du monde, aucun juge d'instruction, tiraillé qu'il est par sa double casquette d'enquêteur et de juge, n'est à l'abri de faire fausse route.

De bonne foi, comme mon ex-collègue, j'ai longtemps cru à la supériorité de notre système judiciaire sur tout autre modèle dans le monde. Ce jour-là, toutes mes certitudes ont volé en éclats.

Le jeune magistrat, d'une voix blanche, expliqua devant les députés sidérés ses méthodes pseudo-scientifiques : « Le plus souvent, j'ai un papier : d'un côté, je mets les éléments à charge, de l'autre ceux à décharge, pour voir si la mise en examen s'impose… » s'efforça-t-il de nous convaincre.

Sylvie Noachovitch et Georges Fenech

Ainsi, des cités minières, au nord, jusqu'aux Alpes-Maritimes, au sud, les mêmes démons s'étaient emparés de nos juges d'instruction, jusqu'à déranger leurs cervelles et les enfermer dans des œillères, sans que la parole de l'avocat ait eu le moindre poids.

Nous déplorons qu'une nouvelle occasion de réformer de fond en comble une procédure pénale d'un autre temps ait été gâchée : la commission d'enquête accoucha en effet d'une souris, en ne proposant qu'une simple collégialité de trois juges d'instruction, qui au demeurant, ne vit jamais le jour, faute de moyens budgétaires.

Nous sommes persuadés qu'il est urgent de moderniser notre justice en passant par-dessus un système dans lequel le seul véritable maître à bord reste le juge d'instruction, l'avocat n'étant toujours qu'un alibi, et ce, malgré les réformes successives intervenues pour renforcer les droits de la défense.

On a coutume d'expliquer que les pouvoirs de ce juge sont plus équilibrés qu'ils n'y paraissent, du fait que l'article 81 du Code de procédure pénale lui impose d'instruire à « charge et à décharge ». Une vue de l'esprit ! Car comment peut-on à la fois poursuivre et assurer la protection de celui qu'on poursuit ?

Diable ! Quel étonnant personnage que ce Janus bifront, doué de qualités exceptionnelles, capable de se départir de sa propre conviction, de douter de lui-même, de la justesse de ses premières analyses pour aussitôt les remettre en cause ! On frôle ici la schizophrénie.

Pour Omar Raddad, objet lui-même d'une instruction menée à charge, comme pour toutes les autres victimes d'erreurs judiciaires, célèbres ou anonymes, mais également pour toutes les victimes dont le crime est resté à jamais impuni, il serait temps de remiser aux oubliettes de l'histoire judiciaire un système archaïque, de lever le voile sur ces instructions menées dans le secret d'un cabinet, à l'abri du regard du peuple, au nom duquel pourtant la justice est rendue.

Continuerons-nous longtemps à confier nos libertés à des magistrats inexpérimentés comme à Épinal, imbus de leurs certitudes comme à Nice, ou encore autoproclamés Saint-Just comme à Béthune, sans réelle responsabilité et contre-pouvoir ?

Cette justice dévastatrice vivra tant que sévira le juge d'instruction, figure emblématique reposant depuis Napoléon sur l'écrit et le secret.

C'est ce qu'ont compris récemment l'Allemagne et l'Italie qui ont, respectivement en 1974 et 1989, abandonné ce système hautement attentatoire aux libertés individuelles et aux droits de la défense.

En rendant publique et orale la phase d'instruction, on éliminerait la tentation de « justicialité » et sa cohorte de victimes expiatoires. Dans un système accusatoire public et transparent, aujourd'hui universellement reconnu, les mesures restrictives de liberté (détention, contrôle judiciaire, garde à vue...) relèveraient de la compétence d'un juge détaché de l'enquête proprement dite. Celui-ci pèserait objectivement, au vu et au su de tous, sans parti pris, les arguments de l'accusation et ceux de la défense, qui seraient placés sur un pied d'égalité, pour que cessent enfin de se jouer, dans nos prétoires, des tragédies humaines.

Dans les années quatre-vingt, la gauche judiciaire, très tôt sensible aux inconvénients du système inquisitoire, avait tenté de sortir de son isolement le juge d'instruction en le fondant dans une collégialité. L'idée était d'imaginer qu'à trois on risque de moins faire d'erreurs. Peine perdue! Le manque de moyens de la justice eut vite fait d'enterrer ces velléités. Puis, en 1990, la commission Delmas-Marty s'était montrée encore plus audacieuse en proposant de confier l'enquête au parquet et en transformant le juge d'instruction en « juge des libertés », n'intervenant plus que pour les mesures restrictives de liberté telle que la détention provisoire ou le contrôle judiciaire. Il s'agissait, sans le dire ouvertement, de passer du système inquisitoire à un système accusatoire à l'anglo-saxonne, celui du *Crown Prosecution Service*.

Or, ces dernières années, plus personne ne s'avise de reprendre de telles propositions, depuis que le juge d'instruction s'est drapé dans les plis de la vertu et s'est fait le champion de la lutte contre la corruption. Bien au contraire, tout ce qui peut amoindrir ses prérogatives est aussitôt dénoncé comme la volonté pernicieuse de protéger des intérêts occultes. Le président Nicolas Sarkozy en fit l'amère expérience en étant contraint, face au tollé général, de rétropédaler après avoir annoncé en 2009 devant la Cour de cassation la suppression prochaine du juge d'instruction : « Il est temps que le juge d'instruction cède la place à un juge de l'instruction qui contrôlera le déroulement des enquêtes mais ne les dirigera plus », avait-il promis.

De fait, plus personne n'oserait moderniser un système ancestral que seule la France persiste, avec la Belgique et l'Espagne, à conserver.

Un frémissement semble cependant s'opérer dans l'opinion. Tant que le juge d'instruction s'en prenait aux puissants, le peuple applaudissait, même si quelques faillites retentissantes faisaient passer en pertes et profits élus et patrons tombés à tort dans les mailles du filet. Or voilà que tout à coup, le commun des mortels, tels Omar Raddad, Patrick Dils ou les acquittés d'Outreau risquaient d'être broyés par un système inique.

En définitive, l'affaire Omar Raddad, déjà en grande partie à l'origine de l'appel des décisions de cours d'assises, puis de la réforme de la Cour de révision, conduira-t-elle aussi à l'abandon de l'instruction à la française ?

Table

Achevé d'imprimer par CPI Bussière,
en juillet 2022,
N° d'impression : 2066407

Dépôt légal : septembre 2022

Imprimé en France